KB156003

논문,
쓰다

논문,
쓰다

대화하는 논문

김용찬 지음

논문, 쓰다
대화하는 논문

지은이 김용찬
펴낸이 이리라

책임 편집 이여진
편집 에디토리얼 렌즈
표지 디자인 엄혜리

2020년 7월 10일 1판 1쇄 펴냄
2024년 11월 20일 1판 4쇄 펴냄

펴낸곳 컬처룩
등록번호 제2011－000149호
주소 03993 서울시 마포구 동교로 27길 12 씨티빌딩 302호
전화 02.322.7019 ┃ 팩스 070.8257.7019 ┃ culturelook@daum.net
www.culturelook.net

ⓒ 2020 김용찬

ISBN 979－11－85521－80－0 93000

culturelook

차례

책 제목을 "논문, 쓰다"라고 했다. 여기서 쓰다라는 말은 물론 '글을 쓰다write'라고 할 때의 그 '쓰다'다. 독자들이 예상한 대로 이 책은 논문을 어떻게 써야 할지에 대한 내용을 담고 있다. 우연히라도 이 책을 손에 집어 든 사람들은 대부분 그런 식으로 이 책에 대해 생각했을 것이다. 물론 맞다. 이 책은 논문 쓰기에 대한 책이다.

'쓰다'라는 단어에는 다른 뜻도 있다. 먼저 사용하다use 라는 뜻이다. 이 책 제목은 논문을 사용하다, 혹은 이용하다라는 말로도 읽힐 수 있다. 논문은 논문을 위한 논문으로 끝나서는 안 되고, 논문을 쓰는 사람이 속한 공동체를 위해서 써야use 한다. 논문은 사적 대화를 모은 글이 아니라 공적인 글이기 때문이다. 논문의 저자는 자신이 속한 학문 공동체와 사회 공동체를 향해 글을 쓴다. 논문은 학문 공동체와 사회 공동체를 위해서 써야 한다. 논문이란 공동체 안에서, 공동체를 위해서 쓰는 글이다.

쓰다라는 단어에는 맛이 (한약같이) 쓰다bitter라는 뜻도 있다. 논문의 맛이 있다면 무슨 맛일까? 사람마다 다르겠지만 아마도 달다고 말하는 사람보다는 쓰다고 말하는 사람이 더 많지 않을까? 대부분의 사람들에게 논문 쓰는 과정이 '써서' 그럴 것이다. 어떤 논문은 다른 의미에서 쓸bitter 수도 있다. 좋은 약이 입에 쓴 것처럼 우리 사회의 문제를 정확히 파악해서 그 문제를 통렬하게 분석하는 논문도 쓰다. 좋은 논문이란 자신이 속한 공동체의 문제에 정직하게 맞닥뜨리며 쓰는 논문이다. 설사 그렇게 하는 것이 쓰고 아프더라도 말이다.

마지막으로 쓰다에는 모자 같은 것을 머리에 얹어 덮다put on라는 의미도 있다. 시간의 분절 없이 흘러가는 현상들에 개념의 모자를 씌우는 것이 학문이고, 그런 개념의 카탈로그가 논문이다. 그래서 어떤 면에서 논문은 쓰거나 씌워야 하는 것이다. "논문, 쓰다"라는 제목을 붙인 이 책에서 나는 이 모든 '쓰다'의 의미를 다 사용하며 논문에 대한 나의 이야기를 풀어보려 한다.

논문 쓰는 법에 대해 학생들에게 하던 잔소리를 조금씩 모으다 보니 책으로 묶을 분량이 되어 버렸다. 내가 학생들에게 늘 강조했던 점은 논문을 쓸 때 그것을 부호들의 집합으로 쓰지 말고 가상의 독자들과 대화하는 방식으로 쓰라는 것이었다. 그렇다. 논문은 대화다. 논문을 통해 저자는 자기가 속한 공동체에 말을 걸고, 그 공동체의 구성원들과 진지한 대화를 한다. 물론 그런 대화가 원활하게 잘 이루어질지 그렇지 않을지는 저자 자신의 자질뿐 아니라 그가 속한 학문 공론장의 질에 달려 있다(이 책을 통해 독자들이 우리 학문 공론장의 질 문제도 생각해 봤으면 좋겠다). 어쨌든 대화로서의 논문을 강조하는 것, 논문을 통해서 어떻게 다른 사람들과 대화할 것인가에 대해 이야기하는 것, 아마도 이 점이 이 책이 비슷한 주제를 다룬 다른 책들과 구별되는 점일 것이다. 그래서 책의 부제로 "대화하는 논문"이란 말을 붙였다. 논문 자체가 대화의 주체가 된다는 의미로 이 말을 이해할 수도 있지만 저자가 자신이 속한 학문 공동체와 사회 공동체를 향해, 논문을 통해서, 논문 안에서, 대화한다는 의미로도 읽을 수 있다.

대화로서의 논문을 쓰는 데 성공하기 위해서는 좋은 질문으로 연구를 시작해야 한다. 좋은 질문을 갖는 것, 그것이 논문 쓰는 연구자가 가장 열망하는 것이 되어야 한다. 물론 바로 그것이 논문 쓰는 사람들이 가장 힘들어하는 부분이기도 하다. 논문 쓰는 과정에서 가장 '쓴bitter' 부분이다. 그렇기에 나는 이 책에서 다른 어떤 문제보다 '어떻게 좋은 질문을 찾는가,' '그 질문을 어떻게 연구의 대상으로 제련하는가'의 문제에 대해서 자세히 설명해 보려 했다. 다른 비슷한 책들과 비교했을 때 그것이 이 책의 또 다른 특징이라면 특징일 것이다. 그래서 논문 작성에 대한 또 하나의 매뉴얼로 생각하고 이 책을 펼친 사람도 잘 살펴보면 일반적인 매뉴얼과는 조금 다른 점들이 이 책에 많다는 것을 발견하게 될 것이다.

이 책은 우선 학술지에 투고할 논문을 준비하는 사람들을 위해 썼다. 하지만 내용의 거의 대부분은 석사 혹은 박사 학위 논문을 준비하는 사람들, 수업 시간에 학술적 에세이(기말 페이퍼 같은 것)를 써야 하는 사람들, 혹은 좀 더 일반적으로 '근거를 제시하며 논리적으로 써야 하는 글'(이른바 소논문이라는 것)을 준비하는 사람들 모두에게 도움이 될 것이라 믿는다. 학생뿐 아니라 아직 논문 쓰는 것이 어색하다고 생각하는 신진 연구자에게도 조금은 도움이 되지 않을까 생각해 본다. 사실 이 책에 담긴 내용 중 많은 것들은 나 자신을 스스로 돌아보며 쓴 것이기도 하다.

이 책을 쓰는 과정에서 도움을 주신 분들이 많이 있다. 무엇보다 바쁜 시간을 쪼개서 설익은 초고를 읽고 내가 생각지도 못한 부분까지 중요한 조언을 해 주고 격려해 준 일본 국제기독대학(ICU) 정주영 교수, 광운대학교 김예란 교수, 한국외국어대학교 채영길 교수, 코바코의 권예지 박사, 연세대학교 언론홍보영상학부 동료인 이상엽 교수와 소지연 교수께 감사드린다. 내 잔소리의 희생자이지만 그것을 잘 이겨낸 뒤 멋진 논문을 들고 졸업한 신의경 박사와 조아라 박사도 초고를 꼼꼼히 읽고 통찰력 넘치는 조언을 해 주었다. 내가 운영하는 Urban Communication Lab의 학생들이자 논문 쓰기에 대한 내 잔소리의 현재 진행형 희생자들인 박문령, 편미란, 이도경, 박소현, 크리스 올드레인도 시간을 내서 초고를 읽고 아주 유용한 논평을 해 주었다. 이 책을 구상할 때부터 마지막 단계까지 지루한 논문 이야기를 들어 주고 종종 '쓴' 조언도 아끼지 않은 전이린에게 감사한다. 기획 단계에서부터 이 책에 대해 긍정적으로 생각하고 기꺼이 출판을 허락한 컬처룩 이리라 대표와 편집을 위해 애써 주시고 굼뜨고 게으른 저자를 늘 기다려 준 이여진 선생에게도 감사드린다.

서론

　　내가 논문이라고 할 만한 분량의 글을 처음 쓴 것은 아마도 대학 4학년이 되어서 졸업 논문을 쓸 때였다. 1989년이니까 지금으로부터 30년 전이다. 개인용 컴퓨터가 대중적으로 보급되기 시작할 때였다. 이런 시대 변화에 맞춰서 내가 다닌 학과도 논문 제출 방식 규정을 바꿨다. 새 규정에 따르면 손으로 논문을 써서 내는 대신 컴퓨터 워드프로세서로 논문을 작성하고 그것을 프린트해서 제출해야 했다. 1990년대 전까지는 학생들이 손으로 쓰거나 타자로 쳐서 졸업 논문을 제출했다. 요즘 학생들에겐 상상조차 못 할 일일 것이다. 컴퓨터가 없던 나는 지인의 도움으로 공대 실험실에 있던 8088 XT 컴퓨터를 밤에 잠깐씩 빌려 쓰면서 졸업 논문을 간신히 쓸 수 있었다. 본체 안에 하드디스크도 없는 컴퓨터였다. 이 컴퓨터로 문서를 작성하려면 컴퓨터를 부팅하는 플로피디스크와 문서를 저장하는 플로

피디스크 두 장이 필요했다. '보석글'이라는 도스용 한글 워드프로세서의 기본만 익혀서 가까스로 문서를 작성했다. 최종본을 프린트했을 때의 뿌듯한 기분이 지금도 희미하게 느껴진다.

학위 논문을 제출하고 얼마 안 있다가 대학원에 진학했다. 그즈음 PC는 XT에서 286 AT로 바뀌었다. 아르바이트한 돈으로 AT 컴퓨터 한 대를 장만할 수 있었다. 생애 처음으로 '내 컴퓨터'(말 그대로 personal computer)가 생긴 것이다. AT 컴퓨터는 본체 안에 하드디스크를 탑재했다. 부팅용 플로피디스크가 더 이상 필요없게 되었다. 당시로서는 놀라운 발전이었다. 하드디스크의 용량은 '무려' 20메가바이트였다. 이 글을 쓰면서 내가 사용하는 맥북 컴퓨터는 500기가바이트의 하드디스크 용량을 가졌다. 30년 전 첫 컴퓨터와 비교했을 때 2만 5000배나 커진 셈이다.

컴퓨터의 사양과 용량은 상상을 초월할 만큼 바뀌고 커졌지만, 졸업 논문 쓸 때인 20대 초반 때부터 50대에 들어선 지금까지 내가 하는 일은 돌이켜 보면 근본적으로 변한 것이 없다. 남의 컴퓨터를 빌려 눈치 보며 논문을 쓰던 것에서 지금은 버젓이 내 맥북으로 논문을 쓴다는 것 정도의 변화가 있을 뿐이다. 결국 지난 30년 동안 나는 늘 같은 일을 해 왔던 셈이다. 같은 일이란, 물론 학술적 글쓰기다.

나는 왜 이러한 책을 쓰는 것일까? 돌이켜 보면 그동안 어느 누구도 논문 쓰는 법을 나에게 정식으로 가르쳐 준 적이 없었다. 논문 쓰는 법에 대해 내가 터득한 거의 대부분은 박사 과정 지도 교수였던 샌드라 J. 볼로키치Sandra J. Ball-Rokeach 교수와 함께 논문을 쓰면서 어깨너머로 배웠다고 해도 과언이 아니다. 어쩌면 논문 쓰는 법은 사람들(특히 학생들)에게 그리 인기 있는 주제는 아닐 듯하다. 굳이 배우지 않아도 웬만큼은 다 안다고 생각할 테니 말이다. 그럼에도 나는 이 책을 왜 쓰는 것일까?

이 책을 쓰는 이유는 논문 잘 쓰는 팁을 공유하기 위한 것이 아니다. 오히려 논문을 쓴다는 것이 얼마나 어려운 일인지, 더군다나 '좋은 논문'을 쓴다는 것이 얼마나 힘든 일인지 말하기 위해서다. 좋은 논문을 쓸 열망이 없다면 아예쓰지 말라고 하기 위해서다. 그러나 그런 열망이 있는 사람들에게는 어렵지만, 어렵더라도, 아니 어렵기 때문에 좋은 논문을 쓰라고 말하기 위해서다. 이렇게까지 말하는 것은 내가 아직도 좋은 논문에 대한 믿음을 갖고 있어서일 것이다. 좋은 논문은 세상에 유익하다. 논문 한 편이 갖는 힘은 미약할지 모르지만, 그것들이 축적되면 어떤 식으로건 우리 사회에 긍정적인 기여를 한다.

이 책을 쓰는 또 하나의 이유는 좋은 논문을 쓰고자 하는 내 열망을 독자와 함께 공유하려는 것이다. 그동안 내가 쓴 논문들이 다 좋은 논문들인지는 모르겠다. 사실 그중에는 부끄러운 글들도 많다. 그러나 좋은 논문을 쓰고 싶다는 소망을 버린 적은 없다. 사실 이 책을 쓰는 것은 논문 쓰는 것이 직업인 나에게는 일종의 성찰 행위이기도 하다. 이 책을 쓰면서 스스로에게 던진 질문은 이런 것들이다. 나는 좋은 논문을 써 왔는가? 나는 계속 좋은 논문에 대한 신념을 고수할 것인가? 좋은 논문을 계속 쓰고 싶어하는가? 어떻게 하면 더 좋은 논문을 쓸 것인가? 이 책을 읽는 독자도 이 질문들을 스스로에게 했으면 좋겠다. 이 책이 논문 작성법 매뉴얼이라고만 생각하지 않기 바란다. 좋은 논문이란 것이 무엇인지를 스스로 고민하며 읽는 책이었으면 좋겠다. 물론 내가 논문의 고수들로부터 배운, 혹은 나 스스로 터득한 논문 작성의 실제적인 지침들도 이 책 안에서 공유할 것이다.

이 책을 쓰려고 마음먹게 된 직접적인 계기가 몇 가지 있다. 물론 가장 직접적인 계기는 논문을 지도하면서 비롯되었다. 학생들에게 논문을 지도하면서 내가 빨간펜으로 메모했던 것들, 늘 반복되는 '지적'들을 정리해서 공유하고 싶다는 생각을 늘 해 왔다. 그중 일부를 간단하게 정리해 파워포인트로 만들어서 학생들을 위한 논문 작성법 워크숍에서 사용하기도 했다. 그 내용을 우연히 소셜 미디어에 올려 봤는데,

생각보다 반응이 좋았다. 며칠 만에 수만 건의 내려받기, 수십만 건의 뷰가 나왔는데, 우리 사회에 이렇게 논문 쓰는 사람이 많았나 의문이 들 정도였다. 이런 의문이 약간 풀린 것은 서점에 가서 논문 작성 책들이 잔뜩 꽂혀 있는 책장을 보고 나서였다. 논문 작성법에 대한 책들이 생각보다 많았다. '소논문' 작성법이란 제목이 붙은 책들도 많았다(논문 쓰는 일이 직업이면서도 '소논문'이라는 말은 처음 들어 봤다). 알고 보니 소논문 작성법은 대개 대입 수험생, 즉 고등학생들을 위한 책이었다. 내가 올린 파워포인트 파일의 주 독자들은 아마도 고등학생 혹은 그들의 부모들이 아니었을까라는 생각이 들었다. 물론 내 포스팅을 공유한 이들 중에는 학술 논문의 저자들도 적지 않을 것이다. 어쨌든 논문 작성법에 대한 책들을 살펴보니, 어떤 이유에서건 논문을 쓰려는 사람은 많은데 좋은 논문을 어떻게 써야 하는지에 대한 길잡이가 될 자료들은 그리 많아 보이지 않았다.

이 책에서 나는 다음과 같은 이야기를 하려 한다. 1장에서는 '논문을 쓴다는 것이 무엇인가'를 이야기할 것이다. 특히 논문 쓰기가 공동체적 행위임을 강조할 것이다. 논문 쓰기란 공동체의 일원으로서 공동체의 다른 성원들과 함께 이야기하는 것이다. 그래서 논문을 쓴다는 것의 본질은 대화다.

논문을 통해서 저자는 자기 분야의 선배, 동료, 후학과 대화한다. 궁극적으로는 자기 자신과 대화한다. 논문 쓰기는 절대 독백이 되면 안 된다. 이 장에서 나는 논문을 쓴다는 것이 왜 공동체적 행위인지, 왜 논문을 쓰는 것이 대화인지를 설명하겠다.

2장에서는 논문 쓰기를 결심한 사람이 논문 쓸 거리를 어디에서, 어떻게 찾을 것인가를 이야기하려 한다. 학위 논문 쓰는 학생들이 가장 곤혹스러워하는 순간은 다름 아닌 도대체 무엇에 대한 논문을 쓸 것인가를 결정해야 할 때다. 대개는 쓸 주제가 많아서가 아니라 무엇을 써야 할지 아이디어가 없어서 힘들어한다. 아이디어가 있더라도 그것을 어떻게 학술 연구의 주제로 전환시킬 것인지에 대해 난감해하는 경우가 많다. 사실 논문을 써야 하는 사람이 그 주제를 잡지 못하는 가장 중요한 이유는 제대로 질문하는 법을 몰라서다. 머릿속에 답은 가득할지 모르지만 질문을 던질 능력을 기르지 못한 것이다. 질문하지 못하는 사람은 논문을 쓸 수 없다. 이 장에서는 어떻게 질문을 찾고, 어떻게 질문을 던질 것인가에 대해서 살펴볼 것이다.

3장에서는 논문의 구성과 흐름을 이야기할 것이다. 논문 쓰기는 여러 정보를 그저 나열하는 것이 아니다. 논문에서도 이야기의 흐름이 있다. 논문도 하나의 서사를 갖는다.

그 서사의 흐름을 따라서 논문을 써야 한다. 3장에서 논문을 어떻게 구성해야 하는지, 논문의 다양한 요소들을 어떻게 하나의 서사로 묶을지에 대해 설명할 것이다.

4장은 논문을 어떻게 시작할지를 다룬다. 논문의 간판이라 할 제목과 초록과 서론에 대해 말하려 한다. 어떤 말로 대화를 시작할 것인가는 모든 대화 상황에서 중요하다. 당연히 논문에서도 그렇다. 논문의 결론만큼, 혹은 그보다 더 중요한 것이 논문의 제목과 서론의 첫 문장이다. 그런데 의외로 제목을, 논문의 첫 문장을, 서론을 대수롭지 않게 쓴 논문들이 많다. 혹은 그 반대로 너무 힘이 들어가서 본문 내용의 신뢰성을 떨어뜨리는 제목과 서론도 많다. 이 장에서는 제목, 초록, 서론이 왜 중요한지를 말해 보려 한다. 그러고 나서 논문을 쓸 때 너무 힘이 들어가지 않으면서도, 진솔하고 신중하게, 떨리는 첫 마디를 어떻게 뗄 것인가에 대해 이야기할 것이다.

5장은 문헌 고찰을 어떻게 해야 하는지, 그것을 바탕으로 연구 문제와 가설을 어떻게 소개할 것인가에 대한 문제를 다룬다. 이 장의 제목을 나는 '다리 놓기'라고 붙였다. 문헌 고찰은 일종의 다리 쌓는 작업이다. 내 연구와 선행 연구들, 나와 선행 연구자들이 만나는 다리를 쌓는 것이다. 저자인 나는 그 다리 위에 올라간다. 견우와 직녀가 오작교에서 만나듯이 논문의 저자인 내가 다른 저자들과 만나 대화를 나눠야 한다. 문헌 고찰은 따분한 짜깁기의 공간, 혹은 선행 연구의 저자들이 와자지껄 떠들게 놔두는 공간이 아니라, 논문의 저자인 내가 대화를 주도하는 공간이어야 한다. 그리고 저자인 내가 주도한 생생한 대화의 결과물이 연구 문제와 가설로 소개되어야 한다. 어떻게 선행 연구의 저자들과 대화할 것인가, 그 대화를 토대로 어떻게 자신의 질문을 구축할 것인가는 쉬우면서도 어려운 문제다. 바로 그 문제를 5장에서 이야기하려 한다.

6장은 연구 방법과 연구 결과를 어떻게 제시할 것인가에 대해 설명한다. 과학적인 연구에서 연구자는 반드시 공적으로 승인된 체계적인 연구 방법을 사용해야 하고, 그러한 연구 방법에 따라 수행된 연구 결과를 역시 체계적인 방식으로 제시해야 한다. 그런 과정을 거쳐 비로소 내 머릿속에 들어 있던 '사적인' 아이디어가 공적인 토론의 대상이 되는 글로 전환되는 것이다. 이 책은 연구 방법론에 대한 책이 아니다. 그러므로 연구 방법 자체의 구체적인 내용을 기술할 생각은 없다. 다만 질적 방법이든, 양적 방법이든 어떤 연구 방법을 사용하는지에 관계없이, 연구 방법 절차와 결과를 제시할 때 꼭 생각해 봐야 할 문제들을 논하려 한다.

7장은 결과에 대한 논의와 결론을 어떻게 쓸 것인가를

다룬다. 즉 끝맺음의 미학에 대한 내용이 될 것이다. 어떤 일에서든지 잘 시작하는 것만큼 중요한 것이 잘 끝맺는 일이다. 논문 쓰기에서도 마찬가지다. 어떤 면에서 논문은 문학 작품이나 관현악 음악같이 기승전결의 구조를 갖는다. 그러한 기승전결의 리듬을 익히고, 그 리듬 안에서 논문을 끝내야 한다. 물론 논문을 마무리하는 방식이 하나만 있는 것은 아니다. 문학 작품에서도, 음악에서도 다양한 방식의 끝맺음이 가능한 것처럼 논문에서도 그렇다. 결과에 대한 논의와 결론을 다양한 방식으로 구성할 수 있다. 어떤 식으로 마무리를 하든 한 가지 잊지 말아야 할 점은 논문의 다른 부분과 마찬가지로 마무리 역시 좋은 대화로 끝내야 한다는 것이다. 결과에 대한 논의와 결론은 웅변과 같은 독백이 아니라, 가상의 독자를 염두에 둔 논리적인 대화여야 한다. 논문의 마지막 부분은 연단에서 소리 지르다 내려가는 웅변가의 것이 되면 안 되고, 진솔한 대화를 나누다가 일어서는 대화자의 것이 되어야 한다.

8장은 아마도 이 책에서 가장 실용적인 부분이 될 것이다. 논문 쓰는 사람들이 흔히 하는 실수를 소개하고, 그런 실수를 어떻게 피할 수 있을지 설명한다. 그 실수 사례들의 최대 제공자는 다름 아닌 나 자신이다. 그다음으로는 아마 내가 지도했던 학생들일 것이다. 그리고 내가 심사 위원으로 참가하며 읽었던 논문들, 심지어 이미 출판된 논문들도 이 장에서 다룰 좋은 사례들을 제공한다.

9장은 학술지에 논문을 투고하는 과정, 그리고 투고 후 편집자와 논문 심사 위원들과 어떻게 대화할 것인지를 다룬다. 논문 쓰기가 결국 하나의 대화라는 점을 여기서도 강조할 것이다.

이 책의 결론 격인 10장에서 나는 왜 좋은 논문이 여전히 필요한가를 이야기할 것이다. 이것은 우리가 왜 여전히 대학원에 가야 하고, 왜 여전히 학문이라는 직업이 필요한지와 같은 거창한 이야기하고도 연결되는 것이다. 하지만 그런 이야기를 너무 거창하지 않은 당부와 기대의 말로 전하면서 이 책의 내용을 마무리 지을 것이다.

대화로서의
논문 쓰기

1

논문 쓰기와 근대적 학문 공동체

연구자들이 연구의 내용과 결과를 학술지라는 매체에 논문 형태로 발표하는 관행은 그리 오래된 일이 아니다. 동서양의 역사를 모두 살펴보더라도 불과 350년 정도의 역사를 갖고 있을 뿐이다. 새로운 지식을 다른 사람들에게 전달하는 것은 수천 년 전에는 웅변이나 대화의 형태로, 즉 말의 형태로 이루어져 오다가, 이후에는 책이라는 매체를 통해 이루어졌다. 새로운 과학 지식이 논문 형태로 발표되기 시작한 것은 17세기 이후의 일이다. 17세기 이전에는 지금 우리가 쓰고 읽는 형태의 학술 논문이라는 것은 존재하지 않았다.

세계 최초의 학술지는 프랑스에서 1665년 1월에 창간 된 〈주르날 데 스카방*Journal des Scavans*〉이다. 영어로 된 학술지 중 최초의 것은 영국 〈왕립학회 철학회보*Philosophical Transactions of the Royal Society*〉다. 〈주르날 데 스카방〉보다 약 두 달 뒤인 1665년 3월에 발간되었다. 놀랍게도 두 학술지는 지금도 발행된다. 창간된 역사로 보자면 〈주르날 데 스카방〉이 세계에서 가장 오래된 학술지이지만, 실제 발행된 연수로는 〈왕립학회 철학회보〉가 더 길다. 〈주르날 데 스카방〉의 경우 프랑스 혁명이 시작한 때로부터 약 25년 정도 발행을 중단했기 때문이다(이런 사실 자체가 이 학술지가 얼마나 오래된 것인지 생생하게 알려 준다). 〈왕립학회 철학회보〉는 초대 편집자였던 헨리 올덴버그Henry Oldenburg가 스파이 혐의로 런던탑에 갇히는 바람에 한 회 발간이 중단되었던 것을 제외하고는 그동안 한 번도 빠짐없이 출판되었다. 아이작 뉴턴Isaac Newton은 〈왕립학회 철학회보〉에 익명으로 글을 투고하여 미적분의 창시자가 고트프리트 라이프니츠Gottfried Leibniz가 아니라 자신임을 주장하기도 하였다.

동아시아에서는 서양 문물을 일찍 받아들인 메이지 시대 일본에서 처음으로 학술 잡지라는 것이 등장했다. 최초의 학술 잡지는 아마도 1886년(메이지 19년) 일본에서 발간된 〈이화학적 공예잡지Physics and Chemistry Industrial Arts Journal〉라고 할 수 있다. (https://www.shimadzu.com/visionary/moment/vol-06/)

한반도에서는 대한제국 시대에 잡지들이 우후죽순처럼 쏟아져 나왔는데 이 중에는 학술지의 성격을 띤 것들도 있었다. 가령 1908년 이완용 등 친일파들이 만든 대동학회 기관지 〈대동학회월보〉가 그중 하나였다. 이 잡지의 발행인들은 발간 목적을 "신구 학문 연구"라고 밝혔다(정진석, 2014). 1909년 4월에 교육 계몽 운동 단체인 교남교육회 기관지로 창간되었다가 1910년 5월 통권 제12호로 중단된 〈교남교육회잡지〉도 어느 정도 학술지의 기능을 했다. 여기에는 지리학, 교육 제도, 사학, 법률학, 물리학 등에 관한 논문과 학계 기사가 실렸다고 한다(한국학중앙연구원, n.d.). 1907년 5월에 보성전문학교가 발간한 〈법정학계〉는 최초의 법률 전문 잡지였다. 1905년에서 1906년까지 발간된 〈수리학잡지〉는 과학적 세계관을 담은 글들을 실었다(조형래, 2012). 이처럼 대한제국 시대 발간된 전문지 가운데는 학술적 성격을 띤 것들이 제법 많았다. 하지만 국내 연구자들이 독자적으로 수행한 연구 결과들을 실은 매체였다기보다는 서구의 연구들과 이론들을 번역해서 소개하는 역할을 할 뿐이었기 때문에 사실 학술지라고 부르기에는 부족한 면이 많았다.

본격적인 학술지는 1930년대 들어서야 등장했다. 아마도 한반도에서 근대적 의미의 학술지라 부를 수 있는 최초의 것은 조선의사협회가 발간한 〈조선의보 *The Korean Medical Journal*〉다. 이것은 일제 강점기인 1930년에 세브란스의학전문학교 교수였던 윤일선 박사(후에 서울대학교 의과대학으로 옮겼다가 서울대 총장까지 지냈다)가 중심이 되어 발간한 학술지다. 이후 1933년 세브란스 의대는 윤치왕 교수 등이 중심이 되어 영문 학술지 〈세브란스연합의학전문학교 학술지*Journal of Severance Union Medical College*〉를 창간하였다. 이는 국내에서 발간된 최초의 영문 학술지라 할 수 있다. 〈조선의보〉와 〈세브란스연합의학전문학교 학술지〉는 안타깝게도 모두 중일 전쟁이 발발한 1937년에 발간을 중단하였다.

학술지와 학술 논문의 역사를 살펴보면 학술 논문은 근대의 산물이라는 것을 알 수 있다. 근대의 중요한 특징은 다양한 시민 공론장의 출현이다. 근대화의 과정에서 서구에서는 국가와 교회 등으로부터 독립적인 각종 협회, 단체 등이 생겨났다(Habermas, 1989). 한국에서도 사람들은 근대를 이런 시민적 공간의 확장으로 경험했다(송호근, 2013). 학자들이 모인 학회라는 것도 이런 흐름 속에서 등장한 것이라 할 수 있다. 근대적 세계에서 학문을 한다는 것은 골방이나 자기만의 실험실에서 연구하는 것에서 벗어나 이제 그것을 학문 공동체 안에서 수행하는 것으로 전환함을 의미했다. 연구 결과는 학회가 발간하는 학술지라는 일종의 공론장에 그때그때 논문 형태로 발표하고, 그 내용에 대해 다른 연구자들의 검토를 거쳐야 하는 것이 되었다.

이런 역사적 맥락은 우리에게 논문이라는 글쓰기를 어떻게 이야기해야 하는지 알려 준다. 논문의 글쓰기는 학문 공동체를 염두에 둔 대화적 글쓰기다. 즉 논문을 쓴다는 것은 학문 공동체의 일원이 되는 것을 스스로 인정하고, 그들과 대화하는 것이다. 논문을 쓴다는 것 자체가 적극적인 공동체 행위인 것이다. 그러므로 논문을 쓰려 할 때는 자기가 쓰는 논문이 결코 독백이 아니라, 자기가 속한 공동체 앞에서 말하는 것이라는 점을 깨닫는 일이 매우 중요하다. 이런 점을 강조하기 위해 학술지 논문의 역사를 간략하게나마 살펴보았다. 이제 조금 더 구체적으로 학술 논문을 쓴다는 것이 무엇인지 생각해 보자.

논문을 쓴다는 것

몇 주 후에 예심용 논문을 제출해야 하는 학생에게 "과연 논문을 쓴다는 것은 무엇일까"라는 질문을 하면 아마 황당해할 것이다. 학술지에 논문을 제출했다가 게재 거부 평가를 받은 사람에게 같은 질문을 던진 후에 긍정적 반응을 기대하는 것도 무리일 것이다. 지금 이 책을 읽는 독자는 그런 경우에 있는 것이 아니리라 믿고 묻는다. 논문을 쓴다는 것은 무엇일까? 논문을 쓰는 모든 사람이 이런 질문을 스스로에게 던지는 것은 아니다. 하루하루 살아가는 모든 사람이 나는 왜 사는가라는 질문을 진지하게 하지 않는 것처럼 말이다. 그럼에도 이왕 이 책을 집어들었으니 한번 스스로에게 물어보라.

'논문을 쓴다는 것은 무엇인가'라는 질문을 누군가 내게 한다면 나는 다음과 같이 다섯 가지로 답하겠다.

첫째 '논문을 쓴다는 것은 논문을 쓰기 시작한다는 것'이다. 지극히 당연한 말이지만 시작하지 않으면 어떤 방법으로도 논문을 완성할 수 없다. 시작해야 한다. 시작이 없으면 끝이 있을 수 없다는 것은 누구도 부인할 수 없는 사실이다(현대 물리학자나 신학자, 혹은 어떤 철학자는 다른 이야기를 할지도 모르겠다). 나중에 어떤 결과가 나오더라도, 그래서 많은 시간을 들여서 고치는 노력을 기울여야 하더라도. 혹은 완전히 엎고 다시 쓰는 일이 발생하더라도, 일단 쓰기 시작해야 한다. 내가 이런 말을 하는 이유는 논문을 쓰겠다고 하면서도 도대체 시작하지 않는 (혹은 못하는) 사람들이 꽤 많기 때문이다. "아, 나는 논문을 못 쓰겠어"라고 말하는 사람이 논문을 못 쓰는 이유는 단 하나다. 시작하지 않기 때문이다. 진리는 종종 1차 방정식보다도 단순한 곳에 있다.

둘째, '논문을 쓴다는 것은 계속 지속적으로 꾸준히 쓴다는 것'이다. 논문은 한자리에 앉아 '쓰윽' 쓸 수 있는 글이 아니다. 논문을 쓰는 데는 시간이 많이 걸린다. 시간을 많이 들인 논문이 꼭 좋은 논문이 된다는 보장은 없지만 좋은 논문은 대부분 술이 익듯 시간을 들여 쓴 글이다. 시간을 들여서 논문을 쓰기 위해서는 반드시 지속적으로 써야 한다. 마감 시간이 있다면 자기가 하루에 얼마만큼 시간을 들여야 하는지를 계산할 수 있다. 하루에 작업할 시간을 계산해서 답을 얻었다면 거기에 맞춰서 꾸준히 써 나가야 한다.

무라카미 하루키는 《달리기를 말할 때 내가 하고 싶은 이야기》에서 글을 쓸 때 필요한 여러 자질을 말한다. 그가 강조한 두 가지 중요한 자질은 (조금은 따분하게 들리지만) 집중력과 지속력이었다. 그는 매일 새벽에 3~4시간을 집중해서, 예외 없이 지속적으로 글을 쓴다. 글을 쓸 때는 다른 어떤 것도 하지 않고 글쓰기에만 집중한다. 일부러 하루 종일 앉아 있지 않고 정해진 시간이 지나면 일어나서 밖에 나가 그는 달리기를 한다. 꾸준히 쓴다는 것이 책상에 오래 앉아 있는 것만을 의미하는 것은 아니다. 매일 정해진 시간만큼 꾸준히 쓰는 것, 그것은 학술 논문 쓰기에도 적용해야 하는 원리다.

물론 모든 사람이 하루키처럼 할 수는 없다. 사람마다 라이프스타일이 다르고, 특히 글쓰기 방식도 다르다. 마감 시간에 몰아 놓고 써야 좋을 글을 쓰는 사람이 있고, 매일 조금씩 일정하게 써야 하는 사람도 있다. 자기 성향에 맞게 시간을 조절해야 한다. 그럼에도 모두에게 해당하는 원리는 늘 지속적으로 논문과 관련된 작업을 해 나가야지만 논문을 완성할 수 있다는 것이다.

셋째, '논문을 쓴다는 것은 논문을 끝까지 쓴다는 것'이다. 시작하지 않고서 논문을 쓸 수 없듯이, 마침표를 찍기 전까지는 논문이 아니다. 소박하고 서툰 수준이더라도 완성된 논문이 아무리 세상을 깜짝 놀라게 할 획기적인 내용을 담은 논문이라도 완성되지 않은 논문보다 낫다. 내가 박사 과정을 할 때 많은 선배들이 이렇게 말했다. "다 쓴 논문이 가장 좋은 논문이다." 당연한 말이고 이제는 흔한 말이 되어 버렸지만 논문 쓰는 사람들이 여전히 마음에 담아 둘 말이다.

어렵게 시작한 논문을 완성하지 못하는 이유는 무엇일까? 능력 부족이나 게으름보다는 지나친 완벽주의가 사람들이 논문을 끝내지 못하게 하는 더 위험한 장애물이다. 내가 박사 과정을 밟고 있을 때, 동료 중에 아주 똑똑한 친구가 있었다. 그는 결국 학계에 남지 못했는데 논문을 끝내지 못해 학위를 받지 못했기 때문이다. 명석한 친구가 논문을 못 쓴 이유는 무엇일까? 나는 지금도 그의 강박적인 완벽주의 때문이었다고 생각한다. 완성된 논문에 부족한 부분이 있다면 나중에 수정하면서 고칠 수 있다. 수정이 불가능한 문제는 후속 연구에서 보완할 수 있다. 내가 못한 부분은 또 다른 누군가가 채울 수 있다. 논문 쓰려는 사람들에게 이렇게 말하고 싶다. 어느 순간에는 글쓰기를 멈추라. 어떤 면에서 논문을 쓴다는 것은 논문 쓰기를 중단해야 할 때 과감히 중단하는 것이다. 논문을 쓰기 시작한 후 어느 시점에서는 욕심을 내려놓고, 현실을 받아들이면서, 쓰던 논문에 마침표를 찍을 수 있어야 한다.

넷째, '논문을 쓴다는 것은 논문을 고친다는 것'이다. 그것도 아주 많이 고친다는 것이다. 학생들이 내게 얼마나 많이 고쳐야 하느냐고 물으면 나는 한 천 번쯤 고치라고 한다. 그러면 학생들의 얼굴이 어떻게 변할지 대충 상상할 수 있을 것이다. 물론 내 말이 과장이라는 사실을 학생들도 잘 안다.

쓰는 것이 고치는 것이라는 말은 사실 내가 지어낸 것이 아니라 소설가 김연수에게 빌려온 것이다. 그는 《소설가의 일》에서 "글을 쓴다는 것이 사실 글을 고친다는 것이다"라고 말한다. 그는 주로 소설 쓰는 것을 염두에 두고 말했을 것이다. 영어로 굳이 표현하자면 글을 쓴다는 것은 writing이 아니라 rewriting 혹은 revising이라는 것이다. 이 말은 학술 논문에도 그대로 적용된다. 아니 어쩌면 소설보다 논문에 더 적절한 말일지 모른다. 그래서 이렇게 말할 수 있다. 좋은 논문은 많이 고친 논문이다. 좋은 학자는 그의 삶에서 늘 논문을 고치고 있다. 그의 책상에는 늘 고치고 있는 논문이 쌓여 있다. 일필휘지로 쓰인 좋은 논문은 없다.

다섯째, '논문을 쓴다는 것은 관계를 맺는 것'이다. 어떤 논문도 혼자 쓸 수 없다. 단독 저자로 쓰는 논문도 마찬가지다. 좋은 논문을 쓰고자 한다면 여러 사람과 다양한 방식으로 교류해야 한다. 앞에서도 이야기했던 것처럼 선행 연구자들과 '교류'해야 한다. 그것이 가상의 교류일지라도 말이다. 그들의 논문을 읽어야 하고, (가상이더라도) 그들에게 질문해야 하고, 필요하다면 그들을 직접 만나거나 이메일을 보내 묻고 토론해야 한다. 그러는 가운데 (그들을 한 번도 직접 만나지 않았더라도) 어떤 관계가 형성됨을 느껴야 한다. 연구자가 단독으로 진행하는 연구도 있지만, 다른 동료들과 함께 진행하는 연구들도 있다. 공동 연구자가 있는 경우 논문 쓰기는 공동의 작업이 된다. 학생이라면 지도 교수와의 관계, 연구 동료들과의 관계, 학생들과의 관계에서 논문을 구상하고, 연구를 진행하고, 논문을 작성한다. 논문 작성은 이처럼 일종의 사회적 과정이다. 논문 쓰기는 공동체적 행위인 것이다.

　　인류 역사상 처음으로 학문이라는 것(그리고 학문적 담론에 참여하는 것)을 공동체적 행위로 발전시킨 사람들은 고대 그리스의 철학자들이었다. 특히 플라톤 이후에 그리스의 학문은 공동체적 생산 과정으로 자리 잡았다. 학자들은 서로의 입장을 알고 있었고, 그 관계에서 자신의 입장을 만들어 갔다. 에우독소스, 칼리포스, 아리스토텔레스 등은 플라톤이 정립한 입장을 잘 알았고, 그 위에서 자신의 연구를 이어 갔다. 심지어 그들은 글을 쓸 때 서로의 주장을 인용하기까지 했다(McClellan & Dorn, 1999).

논문 쓰기를 사회적 과정이라 하고, 공동체적 행위라 하면 너무 거창하게 들릴지 모른다. 이것을 조금 더 구체적인 제안으로 번역하면, 논문 내용을 심사받거나, 투고하기 전에 다른 사람들에게 보여 주라는 것이다. 교수에게 보여 주라. 선배, 후배, 동료들에게 읽어 봐 달라고 부탁하라. 심지어는 약간이라도 안면을 튼 사이라면 관련 분야의 다른 학자들에게 읽어 달라 부탁해 보라. 이메일로 해도 상관없다. 물론 그런 과정을 통해 얻은 조언이 좋은 논문을 만드는 데 큰 도움이 될 것이다. 모르긴 몰라도 그들 중 누군가는 내가 투고한 학술지의 심사 위원으로 내 논문을 다시 마주치게 될지도 모른다. 적어도 그는 내가 그 논문을 얼마나 열심히 썼는지 아는 사람이다. 나에 대해 그런 긍정적인 편견이 있는 사람이 논문을 심사한다면 당연히 좋지 않을까.

자, 이제 논문이란 무엇인가에 대한 마지막 답변이다. '논문을 쓴다는 것은 대화하는 것'이다. 마지막 답변이라고 해서 다른 것보다 덜 중요하지 않다. 오히려 이것이 이 책에서 내가 주장하는 가장 핵심적인 점이다. 그래서 이 책 여기 저기에서 논문 쓰기가 대화하는 것이란 말을 계속 반복할 것이다. 일단 다음 섹션에서 이 말의 의미에 대해 조금 자세히 들여다보자.

논문 쓰기란 대화하는 것

앞에서 논문을 쓴다는 것은 학문 공동체의 일원임을 확인하는 것이며, 논문 쓰기는 일종의 사회적 과정이자, 공동체적 행위라고 했다. 논문 쓰기는 진공 상태에서 부호를 조합하는 작업이 아니다. 논문을 쓴다는 것이 무엇이냐 하는 것을 공동체적 관점에서 보면 그것은 학문 공동체의 일원으로서 다른 사람들과 '대화하는 것'이다. 대화 없는 논문, 대화하지 않는 논문, 누군가에게 말을 걸지 않는 논문은 죽은 논문이다. 논문은 허공으로 퍼지는 독백이 아니다. 논문에는 분명한 독자가 있어야 한다. 그 독자에게 '말하는' 것이 논문이다. 그래서 논문은 '쓰는 것이 아니라, 말하는 것이다'가 더 맞을 수도 있다. 그런 점에서는 '논문을 쓴다writing a paper'보다 '논문을 말하다talking a paper'라고 하는 게 더 정확하다. 말하는 것처럼 논문을 써야 한다. 논문을 구어체로 쓰라는 말이 아니다. 확실한 독자를 염두에 두고 쓰라는 말이다.

독자를 염두에 둔 글과 그렇지 않은 글을 잘 보여 주는 사례는 전자 제품 박스 안에 들어 있는 사용 설명서다. 사용 설명서를 아예 보지도 않는 사람도 많다. 사실 나도 그렇다. 그런데 어쩌다 설명서를 볼 경우 자주 실망하곤 한다. 그 이유는 설명서가 읽는 사람을 상대로 도대체 대화를 하지 않는다고 느끼기 때문이다. 정말로 대화 없는 사용 설명서가 너무 많다. 물건을 어떻게 사용하고, 어떻게 조립할지를 사용할 사람, 조립할 사람들이 알아듣기 쉬운 방식으로 이야기하기보다는, 그저 (제조사 눈높이의) 기술적 용어, 수치, (일반인들은 이해하기 힘든) 구조도들을 잔뜩 늘어놓고 뚱하니 독백만 할 뿐인 경우가 많다. 그런데 문제는 학술 논문 중에도 이렇게 답답한 독백의 논문이 많다는 것이다.

논문을 쓴다는 것은 글로 누군가와 대화한다는 것이다. 조선 시대 학자들이 중국 학자들과 만나면 대개 말로는 대화를 할 수 없었다. 하지만 글로는 그들과 통할 수 있었다. 가령 연암 박지원의 《열하일기》를 보면 말이 통하지 않는 중국 학자들과 연암이 손으로 한자를 써 가면서 열심히 대화하는 부분이 종종 나온다. 이른바 필담, 글로 이야기하는 것이다. 어쩌면 논문도 일종의 필담이다. 물론 논문 필담의 상대방이 연암의 경우처럼 바로 앞에 앉아 있는 때는 거의 없다. 논문은 시간과 공간을 가로질러 눈에 보이지 않는 독자와 나누는 필담이다.

논문을 쓰는 과정에서 연구자는 적어도 세 가지 유형의 대화에 참여해야 한다. 논문 쓰기 전에 하는 두 가지 사전 대화와 논문 쓰는 중에 하는 대화가 그것이다. 각 유형에 따라 다른 대화 상대가 등장한다. 논문 쓰기 전 대화 상대는 첫째는 다른 학자들이고, 둘째는 논문을 쓰는 자기 자신이다. 이 두 유형의 대화에 대해 먼저 말하고 나서 세 번째 유형의 대화를 뒤에서 설명할 것이다.

다른 학자들과의 대화

논문 쓰기 전에 하는 첫 번째 대화는 관련 주제의 연구를 진행했던 다른 학자들과의 대화다. 그중에 어떤 사람들은 이미 오래전에 죽었을 수도 있다. 100년 전 사람일 수도 있고, 1000년 전 사람일 수도 있다. 같은 건물에서 일하는 동료 학자일 수도 있고, 내가 학생으로서 수업을 들었던 교수일 수도 있다. 혹은 비행기를 타고 10시간 이상 가야지만 만날 외국 학자일 수도 있다. 논문 쓰기를 시작하려면 먼저 이들과 대화해야 한다. 물론 천 년 전 사람과 대화하는 것은 불가능하다. 외국에 있는 일면식도 없는 학자와 만나는 것도 (불가능하진 않겠지만) 매우 힘든 일이다. 그럼에도 이들과 대화해야 한다. 그것도 치열한 대화를! 물론 그 대화는 대개 그들이 쓴 책이나 논문을 읽으면서 이루어진다. 이 대화가 제대로 이루어지지 않고서는 좋은 논문이 나올 수 없다.

다른 학자들의 글을 읽으면서 하는 대화가 중요하다고 해서 무조건 관련된 책이나 논문을 모두 읽으라는 것은 아니다. 좋은 책과 논문을 선별해서 읽어야 한다. 관련된 책과 논문 중에 읽을 것과 읽지 않아도 되는 것, 읽을 것이라 분류한 것 중에서도 초록 정도만 읽어도 되는 것과 논문 전체를 꼼꼼히 읽어야 하는 것 등을 구분할 줄 알아야 한다. 그런데 이것이 쉬운 일은 아니다.

학자로 성장한다는 것의 지표 중 하나는 좋은 글을 잘 선별할 줄 안다는 것이다. 세상에 쏟아져 나오는 수많은 글들을 다 읽기는 어렵다. 또 다 읽을 필요도 없다. 그중 어떤 것이 읽을 만한 가치가 있는 글인지 판단할 수 있어야 한다. 그러기 위해서는 자신이 관심을 갖는 분야의 지형과 흐름을 읽을 줄 알아야 한다. 물론 그런 능력은 저절로 생기지 않는다. 그래서 학생들에게는 여전히 지도 교수가 필요하고 전공 수업이 필요한 것이다. 학생들이 지도 교수의 지도나 수업에서 꼭 얻어야 하는 것은 전공 분야의 세세한 지식을 넘어서, 관심 분야의 전체 지형과 흐름을 보여 주는 지도다.

본문까지 꼼꼼히 읽을 논문들이 골라지면 시간을 내서 그 논문들을 정독해야 한다. 물론 정독을 하는 방식에도 여러 가지가 있다. 책을 읽거나 논문을 정독해서 읽을 때는 책과 논문의 내용을 소화하는 데 그쳐선 안 된다. 그 내용을 갖고 내가 무엇을 할 것인가에 초점을 맞춰야 한다. 그러려면 적어도 다음의 세 질문을 저자에게 던져야 한다.

1. 이 글에서 당신(들)이 제시하는 핵심적인 주장은 무엇인가?

2. 당신(들)의 주장은 다른 연구의 주장과 어떻게 다르고 어떻게 유사한가?

3. 당신(들)이 자신(들)의 연구를 통해서 결국 채우지 못한 부분이 있다면 어떤 것인가?

물론 모두 가상의 질문이다. 질문을 하더라도 저자(들)로부터 바로 대답을 듣지 못할 것이다. (물론 학술 대회 같은 곳에서 저자를 직접 만난다면, 그리고 매우 적극적인 사람이라면 거기서 물어볼 수는 있을 것이다.) 하지만 저자에게 가상으로라도 질문을 던져 보는 과정에서, 그리고 내가 저자의 입장이 되어서 그 질문들에 마치 내가 저자인 양 답하려 노력하다 보면 내 연구를 통해 스스로 채워야 할 빈 부분들을 볼 수 있게 되는 것이다. 그 빈 부분들이 결국 내 연구의 주제가 된다.

자기 자신과의 대화

논문 작업에 들어가기 전에 하는 대화의 두 번째 상대는 바로 자기 자신이다. 앞서 말한 바와 같이 관련 책과 논문의 저자에게 던진 질문에 대한 답을 스스로가 찾아야 한다. 그 말은 결국 자기 자신과의 대화가 다른 사람의 글을 읽을 때부터 이미 시작되었다는 것을 의미한다. 가상으로 다른 저자들에게 한 질문은 곧 자기 자신에게 한 질문이었던 것이다. 그러므로 그 질문에 답을 해야 하는 것도 결국 나 자신이다. 그렇기에 저자들에게 했던 질문을 이렇게 바꿔 쓸 수 있다.

1. 이 글에서 저자(들)가 제시하는 핵심 주장은 무엇인가? (What's in there?)
2. 저자(들)의 주장은 다른 연구의 주장들과 어떻게 다르고 어떻게 유사한가? (What's different?)
3. 저자(들)가 자신(들)의 연구를 통해 결국 채우지 못한 부분은 무엇인가? (What's missing?)

읽은 책과 논문에 대해 적어도 이 세 질문을 던지고, 스스로 그 답을 적어 보라. 답이 길 필요는 없다. 메모 수준의 한 문장이어도 좋다. 중요한 것은 간단한 답이라도 자기 말로 써 보는 것이다. 특히 첫 번째 질문(이 글에서 저자가 제시하는 핵심 주장은 무엇인가?)에 답을 찾는 경우, 저자(들)의 핵심 주장을 그들의 글에서 말하는 방식대로가 아니라 독자인 내 방식대로 적어 보길 권한다. 영어식 표현으로 하면 paraphrase, 즉 다른 말로 바꾸어 써 보는 것이다. 단순히 비슷한 뜻의 단어로 바꿔 써 보라는 것이 아니라, 내 관점과 관심의 틀에 맞추어서 다시 써 보라는 것이다. 수천 편의 논문과 책을 읽었다 하더라도 자기 자신과 진솔하면서도 치열한 대화를 하면서 이렇게 '바꿔 써 본' 내용들이 충분하지 않다면 좋은 논문을 쓸 수 없다.

두 번째 질문(저자의 주장은 다른 연구의 주장들과 어떻게 다르고 어떻게 유사한가?)에 대한 답은 결국 내 식대로 '바꿔 쓴' 다수의 내 답들 사이의 관계를 찾는 것이다. 그 과정에서 결국 두 번째 질문에 대한 답도 다른 누군가의 답이 아니라 내 식대로 만든 나의 답이 된다.

첫 번째 질문과 두 번째 질문에 대한 답을 내 식대로 찾았다면 이제 세 번째 질문이 기다린다. 저자들이 여전히 채우지 못한 부분은 무엇인가라는 질문이다. 이 질문은 결국 내가 내 연구를 통해서 무엇을 해야 하고, 무엇을 할 수 있을까라는 질문으로 연결된다. 논문을 준비하는 사람은 여기서 스스로에게 물어야 한다. 내 연구를 통해서 이 저자들이 채우지 못한 부분, 여전히 비어 있는 부분을 채울 수 있을까? 어떻게 채울까? 얼마만큼 채울 수 있을까? 그런 질문들을 스스로에게 던지다 보면 그 질문에 대한 나만의 답이 쌓이고, 쌓인 답들이 작은 오두막집이 되면서, 새로운 연구의 공간이 시작되는 것이다.

선행 연구를 읽고, 그 저자들과 대화하고, 나의 대답을 만들어 가는 작업이 어느 정도 끝났다면, 이제는 책상을 깨

끗이 치워야 할 시간이다(물론 상상의 책상을 말하는 것이지만, 실제로 이때 즈음 지저분한 책상을 치워도 좋다). 다른 사람들의 책과 논문을 모두 다른 곳으로 치워 놓고, 백지상태에서 내 그림을 '그리는' 시간이다. 그야말로 온전히 나 자신과만 대화하는 시간인 것이다. '그린다'는 동사를 썼지만 내 논문의 전체 얼개, 즉 윤곽을 잡는 것이다. 일종의 긴 초록을 쓰는 것이다. 초록을 쓰면서 내 말이나 내 아이디어가 아닌 것은 바로바로 인용 표시를 달아 준다. 누구의 말이었는지, 누구의 아이디어였는지 생각이 나지 않는 것은 나중에 확인하겠다는 표시만 해 놓으면 된다. 그때그때마다 선행 연구들을 찾아볼 필요가 없다. 논문의 얼개를 짜는 것은 이제까지 수행한 선행 연구자들과의 대화를 바탕으로 하겠지만 그다음 단계에서는 전적으로 내 생각의 줄기에만 의지해야 한다. 선행 연구의 내용이 내 머릿속에 들어 있긴 하지만, 아직은 그들이 내 논문에서 떠들 때가 아니다. 나 스스로와의 대화만이 있어야 하는 순간이다. 다른 사람들이 이야기할 부분(즉 나중에 인용 표시를 붙인 부분)은 나중에 그렇게 삽입하겠다는 표시만 해도 충분하다. 자기 자신과의 이런 사전 대화가 얼마나 충실하게 이루어졌느냐 하는 것이 좋은 논문을 쓰는 가장 중요한 조건이라 해도 과언이 아니다.

상상의 독자와 대화하기

이제 논문의 방향과 얼개가 어느 정도 자리를 잡았다고 가정해 보자. 그럼 이제 본격적으로 논문을 쓰는 단계에 돌입한 것이다. 그때 또 다른 대화 상대가 저자인 나를 기다린다. 물론 내 논문을 읽을 독자다. 이 가상 독자를 상대로 대화해야 한다. 눈에 보이지는 않지만 그들이 바로 내 앞에 앉아 있는 것 같은 '느낌'을 갖고 그들과 대화해야 한다. 유대계 이탈리아인이고 화학자이자 작가인 프리모 레비Primo Levi 역시 산문집 《고통에 반대하며 *L'altrui Mestiere*》에서 글을 쓸 때 독자가 함께하는 것 같은 "묘한 느낌"을 갖는다고 적었다. 그러면서 자기가 상정하는 독자의 이미지까지 머릿속에 떠올린다. 이런 식이다.

학자는 아니지만 그렇다고 무식쟁이도 아니다. 그는 읽어야 해서 읽는 것이 아니고, 심심풀이로 읽는 것도 아니며, 사회의 관심을 끌기 위해 읽는 것도 아니다. 많은 것에 호기심이 있기 때문에, 그 가운데서 선택을 하고 싶고, 이 선택권을 다른 누구에게 넘기고 싶지 않기 때문에 읽는다. 그는 자신의 언어 능력과 교육 수준의 한도를 알며, 그에 맞춰 자신의 선택을 통제한다. 현재 그는 좋은 의도로 내 책을 선택했다. 그리고 내가 쓴, 다시 말해 그를 위해 쓴 문장들을 이해하지 못하면 짜증이나 고통을 느낄 수도 있다(79~80).

프리모 레비는 바로 이런 모양을 한 자신의 독자를 위해 글을 쓴다고 말한다. 마치 그의 얼굴을 나도 볼 수 있을 것같이 구체적이고 생동감 있는 표현으로 자신의 독자 모습을 묘사했다. 학술 논문의 저자들도 프리모 레비처럼 자신의 독자를 상상하며 글을 써야 한다. 사실 이 책을 쓰는 나도 미래의 독자를 상상하며 책을 쓴다. 상상은 구체적일수록 좋다. 가령 이런 식이다. 미래의 독자(바로 여러분이다!)를 공평하게 한 명은 여성, 한 명은 남성으로 정한다. 남자는 20대 초반의 석사 과정 1학기의 대학원생이고, 여자는 박사 과정 1학기의 대학원생이다. 남학생은 안경을 썼고, 여학생은 안경을 쓰지 않았다. 남학생은 1년 반 후에 석사 논문을 써야 하고, 여학생은 2년쯤 후에 박사 논문을 써야 한다. 석사 과정 남학생은 계속 박사 과정을 할지 안 할지 아직 결정하지 못한 상태이고, 박사 과정 여학생은 좋은 논문을 많이 써서 학자의 길을 걷고 싶은 생각이 있다. 그러나 두 사람 모두 논문 쓰는 훈련을 제대로 받아본 적이 없다. 좋은 논문을 쓰고 싶은 열망은 크지만, 어떻게 할지는 잘 모르는 상태에 있다. 이 두 사람이 지금 내 머릿속에 있는 이 책을 위한 (상상의) 독자들이다.

논문을 쓸 때도 상상의 독자를 찾아야 한다. 학술 논문을 쓸 때 머릿속에 상상해야 하는 독자들은 어떤 사람이어야 할까? 나는 종종 논문을 쓸 때 두 종류의 독자를 염두에 두어야 한다고 말한다. 거창하게 말하면 '이중 독자론'이다.

가령 논문의 서론과 문헌 고찰, 연구 방법, 연구의 결과 부분까지는 일반 대중을 독자로 염두에 둔다. 물론 일반 대중이라고 하면 너무 범위가 넓다. 그래서 조금 더 구체적으로 좁히자면 대학 2학년 정도의 수준으로 맞추면 적당하다. 왜 대학교 2학년일까? 그들은 내가 지금 쓰려는 논문이 왜 중요한지, 왜 이런 주제의 논문이 필요한지 아직 잘 모를 것이다. 하지만 내가 설명을 잘한다면 듣고 이해할 능력은 있다. 내가 쓰는 이론, 개념, 전문 용어에도 익숙하지 않을 것이다. 그러나 조금 평이한 용어로 바꿔서 말해 주면 알아들을 준비가 되어 있다. 내가 설득력 있게, 잘 알아들을 수 있게 말해 주면 내 논문의 가치를 인식하고, 흥미를 느끼고, 본문 내용 전체를 읽어 보고 싶은 마음을 가질 수 있는 사람들이다.

사실 허구의 대학교 2학년을 머릿속에 그리는 것보다는 자신이 실제로 아는 누군가를 머릿속에 떠올리면 더 생동감 있게 대화할 수 있다. 가령 내 논문은 대학교 2학년생인 (실제로 존재하는) 영호와 대화하는 것이라 생각하면서 쓰는 것이다. 서론 첫 문장부터 나는 영호에게 말하고, 설명하고, 주장한다. 불특정 다수를 상대로 쓰는 것보다, 혹은 독자에 대한 어떤 의식도 없이 기술적인 단어들의 조합을 펼쳐 놓는 논문과는 사뭇 다른 방식의 논문이 될 것이다.

논문 뒷부분에서는 대화 상대를 다른 사람으로 바꿔 줘야 한다. 논문의 제일 마지막 부분이라 할 수 있는 "결과에 대한 논의" 부분에서는 새로운 대화 상대가 등장한다. 내가 쓰는 논문 주제의 전문가다. 혹은 동료 연구자다. 그는 내가 쓰는 주제의 연구 흐름에 대해 잘 안다. 그 주제에 대해 어떤 논쟁점이 있고, 어떤 다른 의견들이 존재하는지 잘 안다. 각각의 의견들이 갖는 장단점에 대해서도 잘 이해한다. 현재 어떤 이론적, 방법론적 난관이 있는지도 잘 안다. 그래서 그들은 내 연구가 현재까지 진행된 연구들과 비교했을 때 어떤 새로운 기여를 하는지(혹은 못하는지), 이론적·방법론적 난관들 중 어떤 것을 극복했는지(혹은 못했는지), 그리고 내 연구가 어떤 이론적, 방법론적 문제를 지녔는지 등에 대해 의견이 있을 것이다. 아마도 그는 내 논문 내용에 대해 물을 질문이 많을 것이다. 그는 선행 연구의 저자들 중 한 명일 수도 있다. 이제 그와 대화해야 한다. 그와 직접 대화하는 것처럼 논문의 마지막 부분을 써야 한다.

이 경우에도 구체적인 대상을 머리에 떠올리는 게 도움

이 된다. 막연한 전문가보다는 구체적인 어떤 사람을 머릿속에 떠올리면 더욱더 생동감 있는 글을 쓸 수 있다. 그 대상은 내가 개인적으로 아는 사람일 수도 있고, 모르는 사람일 수도 있다. 어느 경우든지 내가 그에게 직접 이야기한다는 생각으로 글을 쓰는 것이 좋다.

이야기하기로서의 논문 쓰기

논문을 쓴다는 것은 근대의 산물로, 학문 공동체에 참여하는 일종의 공동체 행위다. 논문을 쓴다는 것은 그 공동체 안에 있는 구체적인 대상자들에게 이야기하는 것이다. 논문 쓰기는 적극적인 대화 행위다. 이 점을 염두에 두지 않고 쓰는 논문에는 살아 있는 냄새가 나지 않는다. 논문이라는 대화에서 가장 중요한 것 중 하나는 좋은 질문을 하는 것이다. 물론 좋은 질문을 하는 것은 쉬운 일이 아니다. 그러나 좋은 논문에는 항상 좋은 질문이 있다. 다음 장에서는 바로 이 문제, 어떻게 좋은 질문을 던질 것인가에 대해 이야기해 본다.

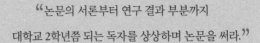

"논문의 서론부터 연구 결과 부분까지
대학교 2학년쯤 되는 독자를 상상하며 논문을 써라."

● 논문 쓰기는 학문 공동체의 공론장에 참여하는 것이다.

● 완벽한 준비가 되지 않았더라도 시작하라.

● 지속적으로 꾸준히 쓰라.

● 욕심이나 완벽주의를 내려놓고 적당한 순간에 쓰기를 멈추라.

● 논문을 쓴다는 것은, 수없이 논문을 고친다는 것이다.

● 논문 쓰기는 대화다. 다른 학자들과, 자기 자신과, 상상의 독자
  들과 치열하게 대화하는 것이다.

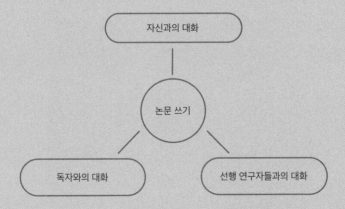

좋은 논문에는
좋은 질문이 있다

질문 만드는 법

2

'우상에 대한 시비 걸기'와 '평범한 것에 대한 호기심'

하루에도 우리는 다양한 상황에서 많은 고민을 하며 선택 행위를 한다. 가령 점심때면 누구랑 먹을까, 뭘 먹을까 고민하고, 어느 식당에 갈까 고민하고, 식당에 들어간 뒤에도 메뉴에서 뭘 고를까 고민한다. 그런데 논문 쓸 때도 이런 고민을 하는 학생들이 있다. 논문 쓰는 것이 중요한 일이니 많은 고민을 하는 것은 당연한 일이다. 어떤 방법을 쓸지, 표본은 어떻게 구할지, 표집 방법은 어떻게 할지, 실험 도구는 무엇을 쓸지, 실험 참여자의 수는 어느 정도로 할지, 연구 모델을 어떻게 할지, 연구 모델 설정에서 이론적 틀은 어떤 것을 사용할지, 통계 분석은 어떤 도구를 쓸지, 어떤 분석 방법을 쓸지 등 고민해야 하는 것들이 끝도 없이 많다.

그런데 문제는 많은 학생들이 이런 고민에 도달하기도 전에 더 근본적인 문제로 고민한다는 것이다. 그들이 하는 고민은 논문을 어떻게 쓸 것인가가 아니라 무엇에 대해서 쓸 것인가다. 논문 지도를 하다 보면 의외로 많은 학생들이 난처한 표정으로 묻는다. "교수님, 뭐에 대해서 쓸지를 모르겠어요."

대학원에 와서 논문을 써야 하는 사람이 무엇에 대해 써야 할지를 모른다는 것은 황당한 일이다. 그런데 이것은 대학원생에게만 해당하는 것이 아니다. 경력 있는 연구자들 중에도 어떤 주제의 연구를 해야 하는지 모르는 이들이 제법 많다. 그런 사람들은 대개 논문을 쓰더라도 일관성이나 방향성 없이 그때그때 상황에 휩쓸려 쓰는 경우가 많다.

논문을 써야 하는 사람들이 왜 무엇을 쓸지를 고민하게 될까? 여러 가지 이유가 있을 수 있다. 하지만 가장 큰 이유는 그들이 질문하는 법을 제대로 배우지 못했기 때문이라고 생각한다. 어느 순간 질문을 찾았다 하더라도 그것을 긴 호흡으로 끌고 가지 못하기 때문이다.

논문은 질문에서 시작한다. 어떤 질문에 대한 (잠정적이고 부분적이라도) 답을 찾아내는 것이 학술 연구이고, 그 과정과 결과를 정리한 것이 논문이다. 그런데 학생들과 이야기해 보면 그들 머릿속에 온갖 답들은 많이 들어 있지만, 궁금한, 아니 조금 더 극적으로 표현하자면 '궁금해서 미칠' 질문들은 별로 들어 있지 않은 경우가 많다. 아마도 질문보다는 답이, 문제보다는 '솔루션'이 더 대우 받는 환경에서 우리가 살고 있기 때문일지도 모르겠다. 그런데 논문의 주제를 잡기 위해서는 질문할 줄 알아야 한다. 좋은 논문 주제는 좋은 질문에서 나온다. 좋은 논문을 쓰고 싶은 사람은 두려움 없이 과감히 질문 던질 능력과 용기를 가져야 한다.

좋은 질문을 던질 용기와 능력 있는 사람이 좋은 학자로 성장한다. 그런데 그런 사람이 많지 않다. 학문을 하겠다고 마음먹은 사람들 사이에서도 그렇다. 그런 사람이 많지 않은 것을 개인의 문제로만 치부할 수는 없을 것 같다. 사회 환경적인 문제도 고려해야 한다. 좋은 학술 논문이 더 많이 나오려면 과감한 질문을 던질 수 있는 환경이 마련되어야 한다. 미신, 편견, 권위 등의 위력 앞에서 주눅 들지 않고 용감하게 질문하는 법을 배우는 교육이 이루어져야 한다. 그런 질문을 던질 수 있는 학문 공동체의 분위기가 만들어져야 한다. 그런데 우리 현실은 어떤가? 기괴한 질문, 건방진 질문, 도발적인 질문을 억압하는 분위기가 학문 공동체 내에 여전히 존재하지 않는가? 이 점을 우리 모두 반성해야 한다. 《코스모스Cosmos》로 유명한 천체물리학자 칼 세이건Carl Sagan은 죽기 얼마 전 생애 마지막 인터뷰에서 다음과 같이 말하였다(Head, 2006).

과학이란 지식의 덩어리 그 이상이다. 그것은 생각의 방식이다. 인간의 오류 가능성을 잘 이해하는 가운데 우주에 대해 회의적인 질문을 하는 것이 과학이다. 우리가 회의적 질문을 할 능력을 갖지 못하면, 진리를 전한다 주장하는 사람들에게 제대로 된 질문을 던질 수 없으면, 권위의 위치에 있는 사람들을 의심하지 못하면, 결국 우리는 쓸데없는 말을 주절거리는 (정치적, 종교적) 돌팔이들의 말에 잡혀 살게 될 것이다.

논문 쓰려는 사람들은 남의 글을 읽을 때 늘 시비 걸 준비를 해야 한다. 모든 사람이 대석학이라 우러러보는 사람들의 글에 대해서도 마찬가지다. 동시에 지극히 평범한 경험 속에서도 의미 있는 질문을 끌어낼 줄 알아야 한다. '우상에 대한 시비 걸기'와 '평범한 것에 대한 호기심,' 이 두 가지가 논문 쓰는 사람들이 가져야 할 가장 중요한 자질이라고 해도 과언이 아니다. 그런데 한국 사회는 이 두 가지 모두를 학교에서 제대로 배우지 못하는 것 같다.

얼마 전 타계한 미국의 대표적 시인 메리 올리버Mary Oliver는 〈삶을 살아가는 지침들〉(2006)이라는 시에서 "집중하라. 놀라라, 그것에 대해 이야기하라"라고 했다. 질문한다는 것은 어떤 현상에 집중하고, 놀란다는 것이다. 그것은 평범을 거부하고, 늘 주변에서 벌어지는 것에 호기심을 갖고 새로운 것을 추구한다는 것이다. 놀라는 사람들은 질문할 준비가 되어 있다. 모든 권위에 대드는 질문을 하고, 또 너무 흔해 빠진 일상을 뒤집는 질문을 한다. 그래서 놀라지 못하는 사람은, 질문하지 못하는 사람은, 논문을 쓸 수 없다.

터키의 소설가 오르한 파묵Orhan Pamuk은《소설과 소설가The Naive and the Sentimental Novelist》(2011)에서 소설을 쓴다는 것에 대해 "평범한 것에 새로움의 매력을 부여하고, 초자연적인 무엇인가에 친근감을 불러일으키기 위해 이성을 습관의 마약에서 멀어지게 하고, 우리의 지력을 우리 앞에 있는 세상의 기쁨과 멋짐으로 향하게 하는 것"이라고 말했다. 정말 멋진 말이 아닐 수 없다. 이 말을 들으면 절로 소설을 쓰고 싶은 맘이 생긴다. 혹시 그냥 스치듯 지나쳤다면 위의 인용문을 다시 한 번 음미하며 읽어 보기 바란다. 물론 올리버나 파묵의 말은 시나 소설 쓰기에 대한 것이다. 모든 사람이 소설을 쓸 수 있는 것은 아니지만 이들의 말에서 우리는 논문 글쓰기에서 어떤 방식의 질문하기를 추구해야 하는지 배울 수 있다. 메리 올리버가 말하는 것처럼 "놀라는" 마음에서 우러나오는 질문, 오르한 파묵의 표현을 빌리면 "평범한 것에 새로움의 매력을 부여하고 초차연적인 무엇인가에 친근감을 불러일으키는" 질문을 던질 수 있어야 한다. 김용찬 방식으로 말하자면 우상에 대해 시비를 걸고, 평범한 것에 대해 호기심을 갖는 질문을 던져야 한다. 그런 질문이 없이는 결단코 좋은 논문을 쓸 수 없다.

우상에 대해 시비 걸 호기가 없고, 평범한 것에 대해 호기심 가질 겸손의 열정이 없는 것, 그래서 제대로 질문하지 못하는 것은 사실 학생 한 명 한 명의 문제라기보다는 한국 학계가 아직 해결하지 못한 일종의 식민성과 관련 있다(조혜정, 2003; 김현경, 2006; 김종영, 2015). 많은 이들이 지적해 온 것처럼 나도 한국 사회에는 아직도 주체적인 학문의 장이 충분히 성숙하지 않았다고 생각한다. 사회과학 분야는 특히 그렇다. 뼈아픈 이야기지만 한국의 학계는 전반적으로 여전히 외국 이론과 학문 수입 오퍼상 역할을 담당할 뿐이다. 이것이 우상에 대한 시비 걸기와 평범에 대한 호기심을 불가능하게 하는 주된 원인이다. 수입 오퍼상들은 질문하지 않는다. 다른 사람의 질문을 복제할 뿐이다.

한국 대학에도 놀라운 연구 성과를 보이면서 세계적 학문 공론장(김경만, 2015)에서 활약하는 분들이 많아졌다. 그러나 우리 학계의 체질 자체가 우상에 시비를 걸고, 평범한 것에 호기심을 가지면서 스스로의 질문을 끌어내고, 그것으로 새로운 연구 체계를 만들어서, 학문적 혁신을 주도하는 수준에 이르렀다고 말하기에는 아직 부족하다. 외국 학자들을 우상화하면서 그들의 이야기를 경전화하는 것(심지어는 그들 글의 번역자들까지 그 권위에 기대서 선지자 노릇을 하는 것), 그러나 정작 자기 자신의 문제는 평범의 테두리에 가둔 채 발견하지 못하고, 지나치고, 그래서 거기 숨어 있는 의미를 찾지 못하는 것은 식민지 주민들의 전형적 모습이다. 이런 상황에서는 결코 '나의' 혹은 '우리의' 질문을 만들지 못한다. 다른 사회가 만든, 그들의 평범한 일상에서 나온, 나와 직접 연관성 없는 다른 사람의 질문을 맞지 않는 옷처럼 어색하게 입으려 할 뿐이다.

질문하는 능력은 저절로 얻는 것이 아니다. 훈련해야 한다. 책이나 논문을 읽을 때도, 누군가의 강의를 들을 때도, 질문하는 습관을 길러야 한다. 물론 그게 쉽지는 않다. 쉽지 않아도 좋은 논문을 쓰기 위해서는 스스로 계속 연습을 해야 한다. 조금씩 그런 연습이 쌓이다 보면 자기도 모르는 사이에 질문하는 사람으로 변하는 자신을 발견하게 된다. 내 수업을 듣는 학생들이 그 증거다.

나는 수업에서 종종 학생들에게 질문 만들어 오는 숙제를 내주곤 한다. 매주 부과되는 책이나 논문의 글들을 읽다가 떠오르는 질문을 적어서 내면 되는 것이다. 반 페이지를 채우지 않아도 좋은 질문을 적어 내면 좋은 점수를 받는다. 보기에는 간단하지만 의외로 많은 학생들이 힘들어한다. 특히 학기 초엔 학생들 대부분이 어려워한다. 어떤 학생들은 책의 내용을 요약하거나 그에 대한 비평을 써서 내라면 오히려 쉽겠는데 질문을 만들어 내라니 너무 힘들다고 불평한다. "한 번도 이런 식으로 책을 읽은 적이 없어서 글을 읽을 때 진도가 너무 안 나가요"라고 투덜대는 학생들도 있다. 그럼에도 나는 학생들에게 말한다. 저자의 답도 너의 답도 적어서 내지 말라고 한다. 글의 요약은 저자의 답이고, 글에 대한 비평은 학생의 답이다. 내가 학생들에게 받기 원하는 것은 자기 자신의 '질문'이다. 학기 말이 가까워 오면 좋은 질문들이 봄날 풀밭에 봄꽃이 하나하나 피어오르듯 나타난다.

좋은 논문을 쓰려면 좋은 질문하는 힘을 길러야 한다. 누구의 글을 읽든지, 누구의 말을 듣든지 시비 걸 줄 알아야 한다. 이 글을 읽는 사람이 학생이라면 교수의 강의에도 시비를 걸어 보라(세상에는 무례하지 않게 시비 거는 방법이 수백 가지 있다. 그게 무엇인지까지 여기에서 이야기할 필요는 없을 것이다). 학생이 교수의 말에 시비 걸 줄 아는 호기도 없이 좋은 논문을 쓸 수는 없다고 나는 생각한다.

권위에 대항해 시비를 걸면서 동시에 자신이 경험하는 평범한 일상에 대해서도 질문해야 한다. 메리 올리버는 《휘파람 부는 사람Winter Hours》에서 "이 우주에서 우리는 두 가지 선물을 받는다. 사랑하는 능력과 질문하는 능력. 그 두 가지 선물은 우리를 따뜻하게 해 주는 불인 동시에 우리를 태우는 불이기도 하다"라고 했다. 질문하는 능력은 우리가 받은 선물이다. 물론 그것이 우리를 태울 위험한 선물일 수도 있다. 그러나 새로운 연구는 늘 질문에서 나온다. 친구나 가족과의 대화에서, 뉴스에서, 소설을 읽다가, 누군가의 소셜 미디어 포스팅에서, 길을 가다 마주치는 다양한 상황에서 질문을 찾아낼 수 있어야 한다.

　나의 박사 과정 지도 교수였던 샌드라 J. 볼로키치 교수의 이야기가 일상으로부터 질문을 얻는 것의 좋은 예가 될 수 있다. 볼로키치 교수는 본래 미디어의 사회적 영향 연구를 오랫동안 해온 미디어 사회학자였다. 그런데 그녀는 1992년 새로운 질문을 갖게 되었다. 그 질문이 머릿속에 떠오른 장소는 집 뒷마당이었다. LA 서쪽 언덕에 있는 그녀의 집은 뒷마당이 LA 도심을 향하고 있어서 그 전경을 잘 볼 수 있다. 1992년 4월 LA 폭동이 일어났다. 도심에서 들리는 총격 소리, 경찰차 사이렌 소리, 헬리콥터 소리, 앰뷸런스 소리와 함께, 곳곳에서 연기가 올라오는 장면을 볼로키치 교수는 뒷마당에서 걱정스레 쳐다봤다. 시간이 지나면서 폭동의 소음과 연기가 점점 자신이 사는 동네 쪽으로 가까이 다가왔다. 이런 상황을 지켜보며 볼로키치 교수는 과연 이렇게 서로에 대한 편견, 증오, 오해가 극단적 상황으로까지 치닫는 현대 도시에서도 '시민의식을 갖춘 도시 커뮤니티가 여전히 가능할까'라는 질문을 스스로에게 하지 않을 수 없었다. LA 폭동이 끝나고 나서 볼로키치 교수는 그때까지 해오던 미디어 연구의 영역을 도시 내 커뮤니케이션과 커뮤니티 연구로 확장했다. 그리고 메타모포시스라는 새로운 연구팀을 만들었다. 이 연구팀이 수행한 LA 지역 커뮤니티 연구를 통해서 커뮤니케이션 하부 구조 이론communication infrastructure theory이라는 새로운 커뮤니케이션 이론을 구축하고 도시 커뮤니케이션 연구의 새로운 영역을 개척했다(Kim, Matsaganis, Wilkin, & Jung, 2018). 나도 운 좋게 박사 과정 학생으로 이 과정에 참여할 수 있었다. 자신의 일상에서 겪은 사건이 새로운 질문을 만들어 내고, 그 질문이 대규모 연구 프로젝트로 연결된 것이다. 일상에서 갖는 질문이 모두 이렇게 거창할 필요는 없다. 중요한 것은 꾸준히 자신의 일상 속에서 질문할 준비를 하는 것이다.

논문 쓰기는 질문하기에서 시작한다. 반복해서 말하지만 좋은 질문이 없이는 좋은 논문이 나올 수 없다. 질문하기 위해서는 대담함과 호기심이 모두 필요하다. 권위에 주눅 들지 않고 질문할 수 있는 대담함, 그리고 일상에서 겪는 일을 그냥 지나치지 않고 겸손하게 발걸음을 멈추고 다시 쳐다보는 호기심, 이것들이 좋은 질문을 갖게 하는 토대다.

질문하기에 대한 이야기를 조금 더 해 보자. 특히 지금부터 (1) 질문의 원천, (2) 질문의 기본 형식, (3) 질문의 유형들에 대해서 이야기해 보려 한다. 그리고 나서 과연 좋은 질문이란 무엇인지 예시 하나를 소개하며 이 장을 마치도록 한다.

질문 거리는 어디서 얻는가

좋은 질문은 우연히 하늘에서 떨어지는 것이 아니다. 나의 개인적 취향이나 편견에 의해서 만들어지는 것도 아니다. 내가 어떤 질문을 할지, 어떤 질문을 중요하게 여길지, 어떤 질문을 우선시할지 등은 내가 어떤 사회에 살고 있는지, 특히 내가 어떤 학문 공동체에 속해 있는지에 달려 있는 경우가 많다. 쉽게 이야기하면 내가 어느 학과에 속해 있고, 어떤 수업을 들었고, 어느 교수의 지도를 받았고, 어떤 사람들과 어울리고, 누구의 글들을 많이 읽었는지에 영향을 받는다. 그런 것들을 뭉뚱그려 학문 공동체의 영향이라 부를 수 있다. 의식하건 하지 않건 간에 논문을 쓰는 사람이라면 어떤 학문 공동체에 속해 있기 마련이다. 각 학문 공동체는 나름의 학문적 패러다임을 갖는다(Kuhn, 2012). 그리고 그 학문 공동체는 나도 모르는 사이에 내가 어떤 질문을 할지에 간섭한다. 가령 내가 디지털 게임 현상에 관심 있다고 해 보자. 내가 속한 학문 공동체가 경제학적 접근을 취하는지, 심리학적 접근을 취하는지, 문화적 관점을 취하는지, 보건학적 관점을 취하는지 등에 따라 나는 디지털 게임에 대한 매우 다른 질문을 머리에 떠올리게 될 것이다. 가령 산업적 관점을 취하는 공동체에 속해 있다면 디지털 게임의 가치 창출과 소비자 만족 등과 연관된 질문을 떠올릴 것이고, 보건학적 접근을 취하는 공동체에 속해 있다면 게임 중독 예방이나 치료와 연관된 질문을 떠올릴 것이다.

더 근본적으로 들어가면 내가 어떤 사회에서 살고 있는지, 어떤 문화에서 사회화의 경험을 했는지, 내가 살고 있는 사회의 상태는 어떤지 등도 내가 떠올리는 질문들의 목록에 영향을 주고, 그 질문들 사이의 우선순위(즉 어떤 질문이 더 중요하고 어떤 질문이 덜 중요한지 등)에 영향을 미친다. 가령 개인 정보privacy 문제에 관심이 있는 사람이 있다고 해 보자. 그 사람이 유럽에 있는지, 북미에 있는지, 한국과 같은 아시아권에 있는지에 따라 같은 개인 정보 이슈라 하더라도 접근하는 방식이 다를 것이고, 제기하는 질문의 내용도 다를 수 있다.

좋은 질문을 만들기 위해서는 질문을 던지는 주체로서의 내가 어떤 상태와 위치에 있는지를 객관적으로 파악하는 것이 중요하다. 가령 내가 어떤 학문 공동체에 속해 있고,

그것은 다른 학문 공동체와 어떻게 다른지, 내가 속한 사회적 환경은 어떤 특성이 있고, 그것은 다른 사회적 환경과 어떻게 다른지를 잘 아는 것이 좋은 질문을 만드는 데 큰 도움이 된다. 물론 이런 식의 자기 객관화가 쉬운 일은 아니다. 그럼에도 자기가 어떤 학문 공동체에 속했는지, 자기가 어떤 사회 문화적 환경 속에 있는지를 파악하려는 자기 성찰의 노력이 필요하다. 그러한 자아 성찰은 다른 사람들의 글을 더욱더 비판적으로 볼 수 있게 한다. 그리고 다른 사람들의 글 속에서 나를 위한 질문을 찾아내는 데 도움을 준다.

　이제 질문을 찾는 상황을 조금 더 구체적으로 하나하나 살펴보도록 하자.

다른 사람들의 논문에서 질문을 찾는다

학술 논문을 쓰기 위한 질문의 가장 직접적인 원천은 무엇보다도 선행 논문들일 것이다. 나는 늘 학생들에게 자기 분야 혹은 관련 분야에서 가장 권위 있는 학술지 목록을 만들고, 그 학술지들을 정기 구독하기를 권한다. 외국 출판사에 소속된 학술지들 대부분은 메일 알림email alert 기능이 있어서 새 논문이 실릴 때마다 이메일로 발송해 주기 때문에 학술지 웹사이트를 매번 일부러 찾아갈 필요조차 없다. 그것들을 모아 놓고 틈틈이 읽는 시간을 가져야 한다. 특정 시간(가령 토요일 오전 시간)을 정해 놓고 몰아서 읽을 수도 있고, 아니면 이메일이 올 때마다 챙겨 읽을 수도 있다.

가령 요일 중 특별한 시간을 정해 놓고(예를 들면 토요일 오전 시간) 자기가 구독하는 학술지를 '훑어보는' 시간을 갖는다고 해 보자. 그 논문들을 모두 처음부터 끝까지 정독할 필요는 없다. 대부분은 초록만 읽는 것으로도 충분하다. 보통 자기 관심 분야와 직접적으로 관련된 논문만 읽겠지만, 종종 자기 관심 분야 밖의 논문 초록도 읽어 보면 좋다. 신문의 스포츠면만 읽던 사람이 가끔은 정치 기사도 읽는 것처럼 말이다. 거기에서 생각지도 않게 좋은 아이디어를 얻을지 누가 알겠는가? 제목과 초록을 훑어보는 가장 중요한 목적 중 하나는 초록만 읽고 끝낼 논문과 본문까지 읽어 볼 것들을 분류하는 것이다. 초록을 읽고 나서 본문까지 읽어 볼 만한 논문이라고 생각되는 것들은 따로 표시하거나, 다운로드를 받거나 해서 한쪽에 저장해 둔다.

초록만 읽은 논문 중에 어떤 것들은 정독이 필요하다. 논문을 많이 읽으면 읽을수록 어떤 논문을 정독할지, 어떤 논문은 초록만 확인하고 넘어갈지, 어떤 것들은 제목만 보고 넘어갈지 분간하는 능력이 커지게 된다. 정독하기로 한 논문을 그 자리에서 읽을 수도 있지만, 폴더 하나를 만들어 놓고 거기에 저장한 뒤 따로 시간을 내어 (학생이라면 방학 때)

몰아서 읽을 수도 있다. 구체적인 것은 개인의 취향과 일정에 맞추면 된다. 중요한 점은 꾸준히 다른 사람들의 논문을 읽는 것이다.

학생들이 다른 사람들의 논문을 읽는 경우는 대개 수업 시간에 교수들이 지정해 준 논문을 읽거나, 자기 논문을 쓸 때 의무처럼 붙여야 하는 선행 연구에 대한 논의 부분을 채워야 하기 때문일 것이다. 두 경우 모두 질문을 찾기 위한 논문 읽기라고 할 수는 없다. 이런 식의 읽기는 이미 문제를 갖고서, 선행 연구들의 답을 정리하는 방식의 논문 읽기다. 질문을 찾고 발견하는 논문 읽기는 아니다(물론 어떤 글을 어떤 계기에 의해 읽든지 간에 읽는 중에 새로운 아이디어와 새로운 질문이 떠오를 수는 있다). 다른 사람들의 선행 연구를 읽으면서 좋은 질문을 발견하거나 만들어 보겠다 하는 사람이라면 평소부터 다른 사람들의 논문을 꾸준히 읽어야 한다. 학술지를 주간지나 신문 기사를 정기적으로 읽듯이 꾸준히 읽어야 한다. 자기 관심 분야에서 다른 사람들은 어떤 질문을 던지고, 어떤 답을 제시하는가를 알아야 한다. 그에 대한 정보를 주기적으로 업데이트해야 한다. 내 관심 주제에 대한 최신 정보는 내가 누구보다 많이 알아야 한다는 생각으로 부지런히 주기적으로 읽어야 한다. 그럴 때 내 질문을 찾을 수 있다. 잊지 말아야 할 것은 정기적으로 논문 읽으면서 얻는 가장 중요한 것은 '내 질문'을 얻는 것이지, 다른 사람의 답변을 확인하는 것이 아니라는 것이다.

책에서 질문을 찾는다

연구를 위한 질문을 찾는 과정에서 논문만큼 중요한 것이 책이다. 인문사회 분야에서는 책이 여전히 학문적 논의를 위해 중요한 매체다. 책을 읽지 않고 논문만 읽어서는 자기 분야에 대한 깊이 있는 논의에 참여하기 어렵다. 책의 담론은 논문의 담론과는 다르다. 논문이 뉴스 속보와 같은 것이라면, 책은 심층 보도 같은 것이다. 최근의 학문적 흐름에 대해 저자가 생각하는 것을 정리한 것이 책이다. 그렇기에 책을 읽다 보면 자기 관심 분야의 지형과 흐름을 보여 주는 지도map를 더 쉽게 얻게 된다.

그래서 나는 학생들에게 논문과 더불어 책을 많이 읽도록 권한다. 물론 아무 책이나 읽으라는 것은 아니다. 자기 관심 분야에서 이른바 고전이라 하는 것부터 시작할 수도 있다. 혹은 자타 공히 그 분야 권위자의 책을 읽을 수도 있고, 권위 있는 출판사에서 나온 책을 중심으로 읽을 수도 있고, 다른 연구자들이 많이 인용하는 책을 우선적으로 읽을 수도 있다. 주변 사람들, 학문의 선배들로부터 조언을 얻을 수도 있다. 좋은 스승을 두었다는 것은 내가 어떤 책을 읽을지

안내해 줄 사람이 있다는 말과 거의 동격이다.

책을 읽는다는 것은 독자로서 저자와 대화를 하는 것이다. 물론 저자를 직접 만나 대화를 할 수 있으면 좋겠지만, 대부분은 종이 매체를 매개로 해서 대화를 한다. 그런 제약이 있긴 하지만 저자 혼자 떠들게 내버려 두어서는 안 된다. 나도 그에게 계속 말을 해야 한다. 그래서 책 읽는 것을 대화라고 말한 것이다. 대화는 쌍방향 소통이어야 한다. 저자가 일방적으로 말하고, 독자는 일방적으로 듣는 것이 아니라, 쌍방간의 대화가 이루어져야 한다. 저자가 말하면 나는 묻는다. 그리고 내 의견을 피력할 수도 있다. 책을 계속 읽다 보면 뒷부분에서 저자가 내가 질문한 것에 대해서 대답하는 경우도 있고, 내가 피력한 의견에 대해 자신의 견해를 밝히는 경우도 있다. 그럴 때는 독자로서 살짝 미소를 지어도 좋다. 그러나 내 질문에 대한 답이 결국 나오지 않거나, 내 의견에 대한 저자의 견해가 분명히 드러나지 않으면서 책이 끝날 수도 있다. 그렇다고 실망하지 말기를. 내 질문들 중 저자의 답이 없는 것들, 저자의 견해가 불분명한 것들이 바로 내가 향후 진행할 연구의 주제가 될 수 있기 때문이다. 즉 내 연구를 위한 '나의' 질문이 되는 것이다. 저자가 내 질문에 대해 답을 했더라도 그것이 만족스럽지 않을 수 있고, 내 의견에 대한 저자의 반박이 설득력 없을 수도 있다. 그렇게 저자가 분명하게 답하지 못하거나 설득력 있게 반박하지 못한 것들도 '나의' 질문으로 발전한다. 이런 식의 대화는 긴 호흡으로 가는 책에서 가능하다. 속보성으로 연구 결과를 발표하는 것이 주 목적인 논문에서는, 불가능한 것은 아니겠지만, 쉽지 않다. 그래서 책을 읽어야 한다.

대중 매체, 예술 작품 등에서 질문을 찾는다

(내가 속한 분야인) 미디어학에서는 당연히 대중 매체 경험이 질문의 중요한 원천이다. 대중 매체 현상 자체를 연구의 대상으로 삼기 때문이다. 논문의 저자가 방탄소년단 노래와 춤을 스스로 즐기면서 그에 관한 연구 거리를 얻는 것은 축복이기도 하고 저주이기도 하다. 남들은 즐기기만 하는 것을 일의 대상으로 삼으니까 말이다. 그런데 이런 것은 미디어학자들에만 해당되는 것은 아니다. 인문, 사회에 속하는 대부분 분야에서 다루는 이슈들이 대중 매체에 등장한다. 뉴스에서뿐만 아니라, 드라마, 예능, 시사, 교양, 스포츠 등 다양한 프로그램에서 다양한 학문 분야의 연구 대상이 될 수 있는 연구 문제들을 찾을 수 있다. 그래서 눈을 크게 뜨고 보면 대중 매체 경험 속에서도 연구를 위한 새로운 질문을 얻을 수 있는 것이다.

비슷한 이유로 나는 학생들에게 늘 소설 읽기를 권한

다. 학생들을 만나면 늘 "요즘 무슨 책을 읽는지" 묻는다. 인문사회계 학생이라면 소설을 열심히 읽어야 한다고 생각한다. 연구자로서 우리는 모든 가능한 사회적 경험을 직접 할 수 없다. 경험하지 못한 것을 어떻게 고민하고, 경험하지 못한 것을 어떻게 연구의 대상으로 삼겠는가? 제일 이상적인 것은 직접 경험해 보고 그것을 토대로 연구를 진행하는 것이다. 게임 연구를 하기 위해서는 게임을 직접 해 보고, 소셜 미디어에 대한 연구를 하려면 소셜 미디어 적극 이용자가 되어 보고, 부족 사회의 가부장 시스템에 대한 연구를 하려면 (우리가 기억하는 인류학자들이 그랬던 것처럼) 부족 사회의 일원이 되어 보는 것이 좋다. 하지만 모든 경우에 그럴 수는 없는 노릇이다. 결국 간접 경험이라도 해야 하는데, 그럴 때 큰 도움을 주는 것이 소설이다. 마찬가지 이유로 영화, 연극도 열심히 관람하길 권유한다.

뭔가 독창적인 시각을 제시하는 논문을 쓰고 싶은 사람들은 미술관에 가야 한다. 나도 시간이 날 때마다 미술관에 가려고 노력한다. 미술 작가들은 세상을 바라보는 새로운 시각을 찾아내기 위해 고분분투하는 사람이다. 그들의 작품에서 그들이 제시하는 세계에 대한 새로운 시각과 관점을 발견하는 것은 매우 흥미로운 일이다(잘 이해되지 않는 것들도 있지만 말이다). 어떤 면에서는 연구자도 세상을 이해하는 새로운 관점을 제시하려는 사람들이다. 미술 작가들이 쓰는 방법과는 매우 다른 방법과 언어를 쓰긴 하지만 말이다. 그럼에도 미술 작가들로부터 배울 것이 많다. 그들이 어떤 새로운 시각을 어떻게 제시하는지, 그런 시각으로 어떤 현상, 어떤 사물, 어떤 관계, 어떤 주체/객체를 어떤 새로운 방식으로 바라보는지 살펴보라. 새로운 질문들이 스멀스멀 뒷목에서부터 올라오는 것을 느낄 것이다. 같은 이유로 음악이나 무용 같은 공연 예술도 도움이 된다. 꼭 균형을 맞추기 위해서 하는 이야기가 아니다.

이런 이야기는 인문사회계뿐 아니라, 자연과학이나 공학 분야에 있는 사람들에게도 해당될 것이다. 대중 매체, 영화, 문학, 미술 작품의 내용이 자연과학이나 공학 분야에서 나오는 의미 있는 질문의 원천이 될 수 있다. 질문은 책이나, 논문, 실험실에서만 나오는 것이 아니다. 특히 사회적 의미가 있는 질문들은 종종 실험실 밖에서 온다.

대중 매체와 문학, 영화, 미술, 음악 등 예술 작품을 통해 간접 경험을 추구해야 하는 또 다른 이유가 있다. 자기 머릿속에 현재 들어 있는 질문들에 대해 스스로 성찰해 볼 근거를 그것들로부터 얻을 수 있기 때문이다. 자기 세계에만 갇혀 살다 보면 누구든 외골수가 될 수밖에 없다. 그러면 자신의 질문이 어떤 긍정적, 부정적 사회적 함의를 갖는지에 대해 올바로 판단하는 눈이 흐려진다. 대중 매체, 영화, 문학, 미술의 세계를 통해 얻는 다양한 간접 경험들은 나와 다른 사회적 위치에 있는 사람들의 시각을 내가 잠시 빌릴 수있게 해 주고, 그런 시각으로 내가 갖는 연구 주제와 연구방향에 대해 성찰해 볼 수 있게 한다.

대화와 토론에서 질문을 찾는다

연구자들은 의미 있는 질문을 종종 다른 사람들과의 대화를 통해 얻기도 한다. 특히 다른 동료 연구자들과 하는 다양한 방식의 대화와 토론에서 새로운 질문 거리를 발견한다. 건강한 학문 공동체라고 하는 것은 연구자들 사이에서 새로운 질문을 만들어 내는 대화와 토론이 활성화되어 있는곳이라고 할 수 있다. 좋은 질문이 나오기 위해서는 다른 학자들의 글을 서로 읽어 주고, 서로 들어 주고, 서로 격의 없이 이야기할 수 있는 환경이 필수적이다. 학술지와 책은 그런 대화와 토론을 활성화시키는 매체다. 학술 대회도 그런 대화와 토론을 위해 시간과 장소를 제공하는 행사다. 학문 공동체의 다양한 대화와 토론을 통해 학자들은 자기가 다른 사람들과 비슷한 질문을 공유한다는 사실을 알게 된다. 그러면서 학문 공동체 내에서 다양한 방식의 공동 연구, 융합 연구 같은 것들이 자연스럽게 이루어지기도 한다. 오래전

데이비드 흄David Hume과 애덤 스미스Adam Smith가 그러했고(Rasmussen, 2017), 20세기 들어서는 알베르트 아인슈타인Albert Einstein과 닐스 보어Niels Bohr가 그러했고(Hesse, 2017), C. S. 루이스C. S. Lewis와 J. R. R. 톨킨J. R. R. Tolkien이 그러했고(Duriez, 2003), 최근에는 아모스 트버스키Amos Tversky와 대니얼 카너먼Daniel Kahneman(Lewis, 2017)이 그러했듯이 말이다.

학생의 입장에서는 지도 교수와의 대화가 질문의 가장 중요한 원천일 것이다. 지도 교수와 지도 학생이 관계를 맺고 대화하는 방식은 학문 분야마다, 혹은 연구실마다 다르므로 일괄적으로 말할 수는 없다. 지도 교수와 학생과의 관계는 연구 주제의 틀을 정해 주는 경우에서부터 학생이 전적으로 연구 주제를 정하고 지도 교수는 확인만 하는 형태까지 매우 다양하다. 어떤 경우든 공통적인 것은 결국 학생 입장에서는 지도 교수와의 대화에서 질문을 찾거나, 찾은 질문을 지도 교수와 함께 정교화시키는 작업을 할 수밖에 없다.

동료 학생들도 중요한 대화 상대다. 종종 기발한 아이디어들은 이미 틀이 잡힌 교수와의 대화보다는, 다른 학생들과 격의 없이 하는 대화에서 나오는 경우도 많다. 학생 시절부터 함께 연구 주제를 이야기하고, 함께 좋은 주제를 찾아

보고, 함께 연구를 해서 논문을 함께 쓰는 관계를 맺은 후, 그 관계가 오래 지속되는 경우도 많다. 나에게도 그런 동료들이 있다. 박사 과정 때부터 지금까지 거의 20년 이상 연구를 함께하고 같이 논문을 쓰는 친구들이다.

실제 경험에서 질문을 찾는다

어떨 때는 자기가 직접 경험한 것에서 의미 있는 학문적 질문을 발견하기도 한다. 자기가 사는 지역 정치에 참여하면서, 태풍, 지진과 같은 재난 피해 지역에 우연히 있게 되면서, 가족, 친구들과 갈등을 겪으면서, 조직 활동의 실패를 경험하면서, 환경 오염 문제의 심각성을 목도하면서, 주변 사람들의 자살을 경험하면서 우리는 새로운 질문을 얻는다. 앞에서 언급했던 LA 폭동 사태 중에 새로운 연구 질문을 얻은 볼로키치 교수의 예도 여기에 해당한다. 이런 극적인 경험에서만 질문을 얻는 것이 아니다. 지하철 안이나 식당 같은 공공 장소에서 사람들이 행동하는 것을 바라보면서, 커피숍이나 재래시장 야채 가게에서 점원과 손님이 상호 작용하는 것을 지켜보면서, 길거리 골목 가게가 편의점으로 바뀌는 것을 보면서, 맥도날드에서 점원이 사라지고 사람들이 주문을 키오스크를 통해서만 하게 되는 것을 보면서, 유튜브나 공중파 TV에서 먹방 프로그램이 늘어나는 것을 보면서 우리는 종종 새로운 연구 주제를 떠올리곤 한다. 연구자의 일상은 질문의 분수대다. 그들에게 유일하게 필요한 것은 상상력과 호기심이다.

지금까지 연구자들이 좋은 질문을 어디서 찾을 수 있을지에 대해서 살펴보았다. 물론 의미 있는 질문을 얻는 모든 경우를 다 열거한 것은 아니다. 이 책에서 그것들을 다 언급할 수는 없다. 그중 중요한 것들만을 간추려서 말한 것뿐이다. 개인마다 흥미로운 질문을 얻는 비밀의 동굴을 갖고 있기도 하다. 여러분의 동굴은 어디에 있는가?

질문의 원천으로부터 우리 손에 처음 들어오는 것은 날것 상태의 '막연한 의문'이다. 그 날것을 그대로 먹을 수는 없다. 막연한 의문은 아직 손질하지 않은 날생선일 뿐이다. 막연한 의문, 그것만 가지고서는 연구를 진행할 수 없다. 그것을 다듬어서 연구의 대상이 되는 질문으로 손질하는 작업이 필요하다. 이제 날것의 의문을 어떻게 연구의 대상이 되는 의미 있는 질문으로 다듬을지에 대해 살펴보도록 하자.

질문의 기본 형식: 차이와 관계

앞에서 말한 것처럼 날것으로서의 막연한 의문 그 자체는 학술 논문 쓰기의 대상으로 쓸 수 없다. 질문의 원석은 연구를 위한 질문이 되도록 특별한 방식으로 제련해야 한다. 제련의 기본적 틀은 '차이difference'다. 즉 연구의 대상이 되는 질문은 거의 대부분 '차이'에 대한 질문이다. 질문의 원석들은 차이의 질문으로 다듬어야 한다. 가만 보면 차이에 관심을 갖는 것은 학문 밖의 다른 분야에서도 마찬가지인 것 같다. 가령 미술 분야를 보자. 빛의 변화와 색채의 변화에 의해서 어떻게 사물과 사물 사이의 차이와 관계가 달라지는가는 인상파 이후 작가들의 주된 관심사였다. 가령 인상파의 개척자 중 한 명인 클로드 모네Claude Monet는 같은 풍경이 시간 혹은 계절에 따라 어떤 차이를 만들어 내는지에 관심을 가졌다. 같은 사물이 빛의 양에 따라 '차이'를 보이는 것을 묘사하려 한 것이다. 야수파의 대표 작가라 할 앙리 마티스Henri Matisse는 "나는 사물을 그리는 것이 아니다. 사물과 사물들 사이의 차이를 그리는 것이다Je ne peins pas les choses. Je ne peins pas les choses mais les différences entre les choses"라고까지 말했다(Delectorskaya, 1996). 르네 마그리트René Magritte 는 〈거짓 거울Le faux mirror〉(1928)이나 〈이미지의 반역: 이것은 파이프가 아니다La trahison des images: Ceci n'est pas une pipe〉(1929) 같은 작품에서 보는 것의 차이를 인식의 차이까지 밀고 나갔다.

　미술뿐 아니라 문학이나 음악도 결국 차이의 미학을 바

탕으로 한다. 모든 문학 '이야기'들의 기본적 구조는 차이다. 인생에서 중요한 것과 중요하지 않은 것의 차이, 중요한 것을 가진 상태와 상실한 상태의 차이, 그것을 다시 찾은 상태와 찾지 못한 상태 사이의 차이, 상실한 것을 찾는 과정에 도움을 주는 것들과 방해하는 것들 사이의 차이 등등을 엮어서 문학 작품의 내러티브가 구성된다(Greimas, 1970). 음악이란 것도 (지나친 단순화의 위험이 있지만) 음과 음 사이의 차이를 다룬다. 시간을 따라 통시적으로 음이 어떤 차이를 만들면서 진행하는지에 따라 다른 음악이 만들어진다. 화성은 공시적으로 다른 음들이 서로 어떤 관계를 맺고, 어떤 차이를 만들어 내는지를 규정한다. 그 관계와 차이에 따라 다른 느낌의 소리가 만들어진다. 즉 음악은 통시적, 공시적 음의 차이를 다루는 것이라 할 수 있다.

차이라는 것은 우리가 사는 세계를 구성하는 본질적 성격일지도 모른다. 구약성서의 첫 번째 책인 창세기의 1장을 보면 세상을 만드는 이야기 자체가 차이를 규정하는 것에서부터 시작된다. 창세기 1장이 소개하는 창조 이야기는 무에서 유를 창조하는 이야기라기보다는 이미 있는 것을 새롭게 구분하고 개념화하는 작업이라고 해도 과언이 아니다. 빛과 어두움을 나누고(혹은 빛과 어둠의 차이를 규정하고), 낮과 밤을 구별하고, 하늘과 바다를 구별하고, 바다와 뭍을 구분하고,

사람을 만든 후에는 남자와 여자를 나눴다. 결국 모든 새로운 것의 시작은 차별화, 즉 차이를 규정하는 것에서부터 시작했다(Schaffer, 1972).

학술 연구도 현상의 통시적, 공시적 차이를 이해하고, 그러한 차이를 개념화하고 그 차이가 어떤 효과를 만들어 내는지 규명하는 작업이다. 즉 학문적 연구도 '의미 있는 차이를 만드는 차이difference that makes a difference'를 분간해 내고, 그러한 차이가 다른 현상에 어떤 영향을 미칠지에 대한 질문에서부터 시작하는 것이다. 학문의 이런 성격이 학문적 연구를 위한 질문에 담겨야 한다. 즉 학문적 연구의 질문도 차이에 대한 것이어야 한다는 것이다.

차이는 관계로 연결된다. 이 점을 잘 이해해야 한다. 차이의 질문은 관계의 질문으로 전환된다. 앞에서 날것으로서의 막연한 의문을 연구를 위한 질문으로 제련하는 기본 틀은 차이라고 말했는데, 좀 더 명확하게 하자면 차이와 관계의 틀로 제련해야 한다고 말했어야 했다. 차이와 관계는 서로 밀접한 관련성을 갖는다. 그래서 차이의 질문은 관계의 질문으로 전환 가능하고, 그 역의 방향도 성립한다. 예를 하나 들어 보자.

가령 보수와 진보를 나누는 정치적 지향에 있어서 특정 연령대의 사람들을 밀레니얼 세대로 구분하는 것(차이를 만드는 것)이 의미 있는 작업일까 하고 물을 수 있다. 이것은 어쩌면 혼동 속에 있는 세상을 하늘과 바다로 구분하는 것과 비슷한 작업이다. 밀레니얼 세대를 구분하는 것이 하나로 뭉쳐져 있는 전체 인구에서 밀레니얼 세대로 묶이는 특정 연령대(가령 1981년생부터 1996년생까지)를 구분해 내고, 그 집단이 다른 연령 집단(가령 X세대나, 베이비붐 세대)과 비교했을 때 정치적 지향에 있어서 차이가 있는지를 묻는 것이기 때문이다. 이 차이의 질문은 '세대와 정치적 지향 사이의 관계'를 묻는, 관계의 질문으로 전환할 수 있다. 이것은 앞에서 제시했던 차이의 질문과 동일한 질문이다. 즉 "정치적 지향에 있어서 밀레니얼 세대와 다른 세대들 간에 차이가 있을까"라는 차이 질문과 "밀레니얼 세대냐 아니냐와 정치적 지향 간에는 관계가 있을까"라는 관계 질문은 결국 같은 것을 묻는 질문들이다. 차이와 관계는 이렇게 서로 밀접하게 연결된다.

이런 식으로 보면 세상의 모든 것이 차이와 관계로 이루어진 것처럼 보이기까지 한다. 그렇다고 해서 모든 차이와 관계가 연구 논문의 주제가 되는 것은 아니다. 연구 논문의 질문이 되기 위해서는 다음 두 가지 형태 중 하나로 질문이 이루어져야 한다. 첫 번째는 추상적 개념(들)을 다루는 연구에서 가져야 하는 차이와 관계의 질문이고, 두 번째는 실증적 연구에서 가져야 하는 차이와 관계의 질문이다.

먼저 개념을 다루는 연구(종종 질적 연구라고 부르는 연구)에서 하는 질문의 형태부터 살펴보자. 이런 연구에서는 개념들이 대개 추상적인 것이고 그것들 사이의 인과 관계는 상정하지 않는 경우가 많다. 인문학적 논의들은 대개 이런 유형의 관계를 논한다. 가령 A라는 개념은 B라는 개념과 어떻게 관련되어 있나 혹은 둘은 어떤 점에서 차이를 보이나와 같은 질문이다.

추상적 개념을 다루는 연구의 질문들
(1) A와 B 사이에는 어떤 관계가 있을까?
(2) A와 B는 X의 측면에서 어떤 차이가 있을까?

질문 1과 질문 2는 형태는 다르지만 (앞에서 세대와 정치 성향 질문에서 봤던 것처럼) 사실은 거의 같은 질문이다. 다른 점이 있다면 질문 2(차이의 질문)는 질문 1(관계의 질문)을 조금 더 구체화한 것이라고 할 수 있다. 가령 질문 1에 답하기 위해서는 질문 2와 같은 것을 여러 개 물어야 할 수도 있다. 구체적인 예를 한번 들어보자.

(1) 계급(A)과 계층(B)은 어떤 관계가 있을까?
(2) 계급(A)과 계층(B)은 착취적 관계 발생(C)의 측면에서 차

이가 있을까?

계급과 계층을 혼동해서 쓰는 경우가 많지만 엄격하게 쓴다면 이 둘은 다른 개념이다. 이 둘의 개념에 대해서 잘 이해하기 위해서는 이 둘 사이의 차이와 관계에 대해서 논해야 한다. 질문 1은 둘 사이의 관계가 있는지를 묻고, 다양한 기준(가령 생산 수단과의 관계, 착취적 관계 발생 등)을 사용해서 둘 사이의 관계를 논할 것이다. 질문 2는 그러한 논의 중 하나(착취적 관계 발생)를 갖고 차이의 질문을 만든 예를 보여 준다.

차이와 관계의 질문 형태를 보여 주는 두 번째 경우는 실증적(종종 양적 연구라고 부르는) 연구에서 제시하는 질문들이다. 실증 연구에서는 경험적 수준의(즉 측정 가능한) 개념들을 다루고, 그 개념들 사이의 인과 관계를 규명하는 질문을 만든다. 이런 질문에 포함되는 개념들은 대개 측정 방법을 구체화하는 '조작적 정의operational definition'를 갖는다. 여기서의 질문은 대개 'A라는 개념은 B라는 개념의 원인인가' 혹은 'A라는 개념과 B라는 개념은 서로 상관관계(혹은 인과관계)를 갖는가'와 같은 형태를 띤다.

(1) A와 B는 관계가 있을까?
(2) A^1과 A^2는 B의 측면에서 차이가 있을까?

여기서도 기억할 것은 대개 관계에 대한 질문은 차이에 대한 질문으로 전환될 수 있고, 그 역의 방향도 성립한다는 것이다. 즉 관계 질문과 차이 질문은 동격이다. 위의 예에서 (1)과 (2)는 사실 같은 질문을 다른 방식으로 표현하고 있을 뿐이다. 구체적인 예를 살펴보면 이 점이 더 분명해진다.

(1-1) 성별(A)과 온라인 프라이버시 염려(B)는 관계가 있을까?
(2-1) 여자(A¹)와 남자(A²)는 온라인 프라이버시 염려(B)의 측면에서 차이가 있을까?

이 질문은 최근 이슈가 되는 온라인상에서의 프라이버시 침해에 대한 사람들의 우려 문제를 다룬다. 만약에 성별

그림 1. 　관계의 질문과 차이의 질문은 동격이다

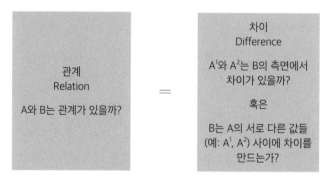

관계
Relation

A와 B는 관계가 있을까?

＝

차이
Difference

A¹와 A²는 B의 측면에서 차이가 있을까?

혹은

B는 A의 서로 다른 값들 (예: A¹, A²) 사이에 차이를 만드는가?

에 따라서 그러한 우려에 있어서 차이가 있을 수 있다고 생각할 충분한 이유가 있다면 위와 같은 연구 문제를 설정할 수 있다. 1-1과 2-1은 모두 똑같이 성별이 온라인 프라이버시 염려에 차이를 만드는지를 묻는다.

연구 논문을 쓰기 위해서는 자신이 관심을 두는 개념, 현상, 쟁점들을 이렇게 차이와 관계의 형태로 전환시킬 수 있어야 한다. 즉 차이와 관계가 명확하게 규정된 질문이 좋은 질문이라 할 수 있다.

질문 유형

앞에서는 질문들의 기본 형태에 대해서 살펴보았다. 연구의 대상이 되는 질문은 차이 혹은 관계의 형태를 띠어야 한다고 했다. 그런 질문들을 다시 몇 가지 유형으로 분류할 수 있다. 첫째는 누군가 선행 연구에서 이미 제기했던 질문을 다시 새로운 시간적, 공간적 맥락에서 (재)확인하는 질문이다. 가령 프랑스 사회학자 에밀 뒤르켐Émile Durkheim(1966)이 제기했던, '집단주의적 성향의 사회보다는 개인주의적 성향의 사회에서 자살이 더 많이 발생한다'라는 가설을 21세기 상황에서 다시 검증해 본다고 해 보자. 그래서 가령 21세기 각 국가의 집단주의 성향 지수를 측정하고 그 나라들의 자살률 데이터를 활용해서, "집단주의적 성향이 높은지 혹은 개인주의적 성향이 높은지의 여부가 자살률에 영향을 미칠 까?"라는 질문을 던진다고 할 때 이를 앞 절에서 살펴봤던 질문 형식으로 전환하면 다음 중 하나가 될 것이다.

⑴ 집단주의 성향/개인주의 성향(A)과 자살률(B)은 관계가 있을까?

⑵ 집단주의 성향이 높은 국가(A¹)와 낮은 국가(A²)는 자살률(B)에 차이가 있을까?

대부분의 독자들이 이제 여기서 (1)은 관계의 질문이고, (2)는 차이의 질문이라는 것을 잘 구분할 수 있을 것이다. 여기서도 두 질문은 형태는 다르지만 사실은 같은 내용을 묻고 있다. (2)는 개인주의 성향이 높은 국가와 낮은 국가는 자살률에 있어서 차이가 있을까로 물어도 상관없다.

두 번째는 싸우는 논쟁들을 말리는 질문이다. 말리는 질문이란 한 현상(가령 소셜 미디어 이용)과 다른 현상(가령 사회 관계) 사이의 관계에 대해서 서로 대립하는 결과들이 보고될 경우 그것을 조정하는 질문이다. 예를 들어 소셜 미디어 이용이 오프라인의 사회적 관계에 도움이 되는가 그렇지 않은가라는 질문에 답하는 기존 연구들을 살펴보면, 어떤 연구들은 소셜 미디어 이용이 오프라인의 사회적 관계(예를 들어 만남의 시간, 빈도, 강도 등)를 감소시킨다는 결과를 제시하고, 다른 연구들은 사회적 관계에 도움이 된다는 결과를 제시한다. 서로 상반된 연구 결과들이 대립하는 것이다. 이런 경우 나의 연구 질문은 이 둘 중에 어느 쪽이 맞는가가 될 수 있다. 가령 "인터넷 이용은 오프라인 사회적 유대를 증진시키는가 아니면 감소시키는가" 같은 질문을 던질 수 있다. 여기서 한 발 더 나아가면 제3의 변인을 투입시켜 둘 사이를 화해시킬 수도 있다. 가령 "사교성이라는 것을 일종의 조건 변인으로 투입해서 사교성이 이미 높은 사람들 사이에서는 인터넷 이용이 사회적 유대를 증진시키지만, 사교성이 낮은 사람들 사이에서는 인터넷 이용이 사회적 유대를 감소시키지 않을까" 같은 질문을 만들 수 있다(Sproull & Kiesler, 1986).

세 번째는, 기존 연구들의 질문에 대해 대안을 제시하는 질문이다. 가령 온라인 익명 공동체에서는 익명에 기대어 사람들이 탈규범적인 행동(비방, 욕설, 외설 등)을 더 많이 하지 않을까라는 것이 기존 연구들의 질문이었다고 하자(Srpoull & Kiesler, 1986). 이러한 질문은 두 가지의 연관 질문이 합쳐진 것이다. "익명의 상황에서는 사회적 정보(즉 자기 노출)가 면대 면 상황보다 더 적지 않을까"라는 질문과 "익명의 상황에서는 탈규범적인 행동을 더 많이 하지 않을까"라는 질문이 그것들이다. 인터넷에 관한 연구들을 살펴보면 어떤 연구자들은 이런 질문들에 일종의 대안적인 질문들을 제기했다. 예를 들면 첫 번째 질문에 대해서는 조지프 월터Joseph Walther가 사회적 정보 처리 모델social information processing model이라는 이름으로 '익명의 상황에서도 사람들은 여전히 다양한 방식으로 사회적 정보를 공유하지 않을까'라는 대안 질문을 던졌다(Walther, 1996). 두 번째 질문에 대해서는 연구자들이 '사람들이 익명의 상황에서는 개인적 정체성보다는 온라인 집단(가령 온라인 카페)의 집단 정체성을 더 받아들이게 되고, 그렇게 되면 면 대 면 상황보다도 더욱더 집단의 규범을 더 따르게 되는 것은 아닐까'라는 대안 질문을 던졌다. 이 대안 질문은 탈개인화 효과에 관한 사회적 자아정체성 모델(Social identity model of deindividuation effects: SIDE)(Spears & Lea, 1994)이라는 매우 긴 이름으로 이론화되었다. 이 두 질문 모두 기존의 질문(익명의 상황은 대면 상황에서보다 사회적 정보를 덜 공유하지 않을까)에 대한 대안 질문들이다. 종종 좋은 질문은 이렇게 기존 질문을 뒤집으면서 만들어진다.

좋은 질문이란?

그렇다면 좋은 질문은 어떤 것일까? 좋은 질문과 그렇지 못한 질문을 구분하는 기준은 무엇일까? 사회학자 앤서니 기든스Anthony Giddens는 좋은 연구의 표본으로 막스 베버Max Weber의 《프로테스탄트 윤리와 자본주의 정신Die protestantische Ethik und der 'Geist' des Kapitalismus》(1905/1992)을 들고 있다 (Giddens, 1989). 그가 이를 좋은 연구라고 한 것은 막스 베버가 좋은 질문을 제기했기 때문이다. 기든스가 제시한 좋은 연구의 기준들을 좋은 질문이 무엇인가라는 관점에서 살펴보자.

첫 번째로 좋은 질문은 너무 거시적이지도 않고, 너무 미시적이지도 않은, 사회학자 로버트 머튼Robert Merton이 말한 "중범위middle range"에 해당하는 것이어야 한다고 기든스는 역설한다. 카를 마르크스Karl Marx의 역사 유물론, 탤컷 파슨스Talcott Parsons의 체계 이론 등과 같이 세상의 모든 현상을 하나의 틀 안에서 묻기보다는 "구체적 가설을 논리적으로 도출하고 경험적 조사에 의하여 확증할 수 있는" 것이어야 한다는 것이다. 물론 중범위에 속하는 질문 역시 철학적, 이론적 가정들을 뒷받침하고 나와야 한다. 그러나 그러한 철학적, 이론적 가정 자체에 대한 질문이기보다는 그것을 전제로 하여 실제 현상에 대한 질문이 되어야 한다는 것이다. 거시적, 대범위의 질문이 문제가 되는 것처럼 지나치게 미시적, 소범위의 질문도 문제다. 미시적인, 소범위 연구의 질문은 어떤 것일까? 대개 학술 연구보다는 보고서에서 다루는, 이론적 전제와의 연결이 모호한, 매우 기능적인 질문이라고 할 수 있다. 가령 인공 지능 스피커는 남성과 여성 중 누가 더 선호하는가와 같은 질문, 밀레니얼 세대의 정치 성향은 어떤가와 같은 질문들이 특정한 이론적 뒷받침없이 제시된다면 이것들은 미시적, 소범위의 질문이라 할 수 있다.

기든스는 《프로테스탄트 윤리와 자본주의 정신》에서 막스 베버가 자본주의와 기독교 사이의 관계에 대한 중범위적 질문을 던졌다고 설명한다. 이 책에서 베버가 던지는 질문은 자본주의의 거시적 역사적 흐름이나 기독교 사상 자체에 대한 질문이 아니다. 경험적 연구를 통해서만 규명 가능한 둘 사이의 구체적 관계에 대한 질문이다. 가령 베버의 핵심 질문은 '자본주의라는 것이 왜 오랫동안 경제적으로 앞서 있던 중국이나 인도가 아니라 서구에서 발전되었을까'라는 것이었다. 여전히 큰 수준의 질문이기는 하지만, 마르크스의 역사 유물론이나 파슨스의 일반 체계론보다는 훨씬 더 경험적 수준의 질문으로 내려와 있음을 알 수 있다.

기든스가 말하는 좋은 질문의 두 번째 특징은 그것이 반직관적이어야 한다는 것이다. 가령 소득이 높은 사람이 그렇지 않은 사람들보다 사교육을 더 많이 시키지 않을까 하는 것은 교육 불평등과 관련해서 중요한 질문일 수 있지만, 누구나 어느 정도 예상 가능한 것이기에 반직관적이지는 않다(그래서 그렇게 흥미로운 질문은 아니다). 새로운 기술에 대해 긍정적 태도를 갖는 사람들이 그 기술을 구입해 사용할 가능성이 크다라는 것도 그리 놀라운 이야기는 아니다. 반면《프로테스탄트 윤리와 자본주의 정신》은 꽤 반직관적인 내용을 담고 있다. 자본주의의 발전이 어쩌면 가장 반자본주의적인 것일 수도 있는 기독교의 청교도적 금욕 윤리와 연관되지 않을까라는 베버의 질문은 그 연구의 결과를 듣기 전에는 사람들로 하여금 고개를 갸우뚱하게 할 질문이라 할 수 있다.

좋은 질문의 세 번째 특징은 구조와 개인의 문제를 함께 연결시키는 내용을 담는 것이어야 한다는 것이다. 어떤 사회적 현상을 특정 구조적 요인으로만 설명하려 한다든지, 아니면 개인의 의도(혹은 다양한 심리적 변인)로만 설명하려 하기보다는 구조적인 것과 개인적인 것을 연결시키는 질문이 좋은 학문적 질문이라는 것이다. 즉 미시적 관계와 거시적 관계를 포함하는 다수준적multilevel 질문이어야 한다는 말이다(Sampson, Raudenbush, & Earls, 1997). 가령《프로테스탄트 윤리와 자본주의 정신》에서는 검소하고 금욕적인 생활, 근면, 저축 등의 개인적 행위가 사회 전체적으로 자본을 축적시키고, 그럼으로써 사회 내에 자본주의적 구조가 만들어지게 하는 것은 아닐까라는 질문으로 개인의 행위와 구조를 연결시켰다. 우리가 경험하는 대부분의 사회 현상은 거시적,

중시적, 미시적 차원을 아우르는 다차원적 성격을 지닌다. 어느 한 차원에 경도되는 것이 아니라 그러한 차원들 사이의 관계를 내포하는 질문이 좋은 질문이다. 조금 더 부연한다면 다수준적 내용을 명시적으로 드러내는 질문이 아니더라도(가령 여전히 개인적 수준의 미시적 관계만을 담는 질문이라 하더라도), 중시적, 거시적 상황에 대한 내용을 적어도 전제로 하는 질문이 좋은 질문이라고 할 수 있다.

좋은 질문의 네 번째 특징은 여러 상황에 적용 가능한 질문이어야 한다는 것이다. 어떤 특정한 상황에만 적용되는 질문이 아니라, 다른 시간적, 공간적 맥락에도 적용 가능한 질문이어야 한다. 다시 기든스의 설명으로 돌아가면, 서구 자본주의 성장과 기독교적 윤리에 대한 막스 베버의 질문은 결국 특정한 경제 체제의 성장이 경제적 논리나 기술적 논리에 의해서만 영향을 받는 것이 아니라 문화적, 이념적 가치와 연관된 변인들에 의해서도 영향을 받는다는 것을 보여 준다. 이러한 논리는 서구 자본주의의 출현뿐 아니라 다른 장소, 다른 시대의 다른 현상(가령 네트워크 사회의 도래[Castells, 2000] 등)에도 적용 가능하다.

다섯 번째로 좋은 질문의 특징은 새로운 질문을 계속 만들어 내는 질문이어야 한다는 것이다. 좋은 질문은 그 질문에 대한 답으로 끝나는 질문이 아니라, 질문에 대한 (적어도 잠정적인) 답이 주어졌다 하더라도, 그 답이 새로운 (어쩌면 더 복잡한) 질문을 도출해 낼 수 있어야 한다. 기든스뿐만 아니라 후세 학자들은《프로테스탄트 윤리와 자본주의 정신》에서 제기한 막스 베버의 질문이야말로 계속적으로 새로운 이론적, 실제적 질문들을 만들어 내는 좋은 질문이었다고 평가하는 데 동의한다. 계속해서 새로운 질문을 생산해 내는 질문은 결국 하나의 이론으로 발전할 것이다.

막스 베버의《프로테스탄트 윤리와 자본주의 정신》에 대한 기든스의 평가를 좋은 질문이란 무엇인가의 관점으로 전환시켜 살펴보았다. 이제는 특정 논문 하나를 예로 들어서 좋은 질문을 갖는 논문은 어떤 것인가 조금 더 구체적으로 살펴보도록 하자. 살펴볼 논문은 마크 그래노베터Mark Granovetter(1977)의 "약한 유대의 힘The strength of weak ties"이다. 이 논문은 사회과학 분야에서 단연코 가장 많이 인용되는, 가장 유명한 논문 중 하나라고 해도 과언이 아니다. 이 논문이 영향력을 갖게 된 데는 이 논문이 던지는 질문이 앞에서 말한 좋은 질문의 요건들을 잘 갖추고 있기 때문이다. 왜 그런지 살펴보자.

이 논문을 처음 들어보는 사람들을 위해서 이 논문의 기본 주장을 간단하게 설명하면 이렇다. 대개 우리는 강한 유대 관계를 갖고 있는 사람들(가령 가족, 친척, 친한 친구 등)을 약한 유대의 사람들(가령 친하지 않은 지인들, 업무로 아는 사람들, 우연히 만나 명함을 주고받는 정도의 친분이 있는 사람들)보다 선호하는 경향이 있고, 강한 유대로 묶인 사람들이 약한 유대의 사람들보다 우리 삶에서 더 중요한 영향을 미치고 있다 생각하는 경향이 있다. 하지만 그래노베터는 항상 그럴까라고 질문을 던진다. 그렇지 않은 상황도 있을 수 있지 않을까라는 생각을 한 것이다. 예를 들어 대학 졸업 후, 혹은 다니던 직장을 그만둔 후에 새 직장에 대한 정보를 얻으려 할 때는 강한 유대의 사람들보다는 약한 유대의 사람들이 훨씬 더 중요하고 유용한 역할을 하게 되지 않을까라는 질문을 던져볼 수 있다. 즉 우리 삶에서 약한 유대가 강한 힘을 발휘할 때가 있다는 것이다.

그래노베터의 이런 질문은 너무 거시적이지도 않고, 그렇다고 너무 미시적이지도 않다. 모든 것을 역사의식으로 몰거나, 개인의 심리적 변인으로 환원하지 않는다. 대신 사람들의 실제 삶과 그 삶 안에서의 관계망으로 분석 수준을 잡음으로써 중범위 수준에서 질문을 던진다. 더불어 앞서 말한 것처럼 사람들이 갖는 강한 유대에 대한 선호적 편견을 감안하면 약한 유대의 힘이라는 명제는 충분히 반직관적이고 역발상적이다. 그래노베터의 "약한 유대의 힘"에서 제기하는 질문은 개인의 필요(정보적 필요, 정서적 필요 등)와 그가 놓여 있는 사회 연결망 구조, 그리고 사회의 구조적 조건(실업률) 등을 함께 고려하는 틀을 갖춤으로써 구조와 개인을 연결시키는 것이기도 하다. 그리고 이 질문은 다양한 사회적 맥락에서 되물어지면서 다양한 상황에서 검증이 되었다. 아마도 그래서 이 논문이 가장 많은 인용 수를 자랑하는 논문이 되었을 것이다. 사회적 맥락을 바꿔 가며(가령 미국 외의 국가에서), 혹은 개인의 필요 내용을 바꾸어 가며(그래노베터가 주목했던 직업에 대한 정보가 아니라, 가령 주말에 볼 만한 영화 관련 정보, 혹은 몸이 아플 때 위로를 받을 방법 등에 대해) 여전히 약한 유대가 힘을 발휘하는지 검증하는 논문들이 무수히 쏟아져 나왔다. 그 과정에서 그래노베터의 "약한 유대가 강한 유대보다 더 힘을 발휘하는 때가 있나?"라는 원 질문은 다양한 후속 질문들을 생산해 내고 있다.

이제 이 장을 마무리 지을 때다. 좋은 논문은 좋은 질문에서 나온다. 논문에서 다룰 좋은 질문은 관계와 차이를 규명하는 내용이 명확하게 드러나야 한다. 그게 불분명하면 좋은 논문을 쓸 수 없다. 관계와 차이가 분명하게 드러난 질문은 하늘에서 떨어지는 것이 아니고, 기존 선행 연구들이 이미 제시한 다른 질문들을 배경으로 해서 만들어진다. 어떨 때는 이미 있는 질문을 확장하는 형태로, 대립되는 질문들을 화해시키는 형태로, 혹은 기존의 질문을 폐기하고 새로운 질문을 던지는 형태로 나타난다. 그 질문은 너무 커서도 안 되고, 또 너무 하찮은 것이어도 안 된다. 너무 비상식적이어서도 안 되겠지만, 그렇다고 해서 너무 상식적이어서도 곤란하다. 충분히 합리적인 설명의 틀 내에서 역발상적이어야 한다. 좋은 질문은 구조와 행위의 문제를 함께 수반하는, 즉 다수준적 성격을 지녀야 한다. 좋은 질문은 다양한 상황에 적용 가능해야 하고, 그 질문에 대한 답으로 끝나는 것이 아니라, 새로운 질문을 계속 창출하는 것이어야 한다.

내 질문은 무엇인가?

내 질문은 무엇인가? 궁금해서 미칠 만한 질문은 무엇인가? 그런 질문이 없다는 것이 문제인가? 우상에 대해 시비를 걸고, 평범한 것에 호기심을 가져 보라. 우상에 시비 걸 용기를 가져야 하고, 평범한 것에도 호기심을 갖는 열정이 있어야 한다. 그런 용기와 열정으로 좋은 질문을 가졌다면 그것을 연구 질문의 틀로 다시 써 보기 바란다. 연구를 위한 질문은 차이와 관계의 틀을 가졌다. 지금 자기 손에 있는 질문이 그렇지 않다면 그렇게 바꿔야 한다. 연구 질문에는 선행 연구에서 제시한 질문을 다른 시공간에서 재확인하는 질문, 싸우는 논쟁을 말리는 질문, 기존의 질문에 대해 대안을 제시하는 질문 등 여러 유형이 있다. 자신의 질문은 어떤 유형의 질문인지 따져 보라. 모든 질문이 다 좋은 질문은 아니다. 연구를 위해 좋은 질문은 (1) 너무 거시적이지도, 그렇다고 너무 미시적이지도 않은 문제를 다루는 질문, (2) 반직관적이고 역발상적인 질문, (3) 구조와 개인을 연결시키는 질문, (4) 여러 상황에 적용 가능한 질문, (5) 새로운 질문을 계속 만들어 내는 질문이다.

좋은 질문을 갖는 것이 좋은 연구를 하기 위해 가장 중요한 조건이다. 좋은 질문으로 좋은 연구를 수행했다면 이제 그 연구의 결과를 보고할 논문 쓸 준비가 된 것이다. 이

제 논문의 관례적 순서대로 어떻게 연구 논문을 쓸 것인지에 대해 이야기할 준비가 되었다. 논문의 구체적인 부분들을 다루기 전에 먼저 언급해야 할 중요한 주제가 하나 있다. 논문에도 흐름과 서사가 있어야 한다는 것이다. 다음 장에서는 먼저 그에 대해서 이야기해 보겠다.

- 좋은 논문은 좋은 질문에서 나온다.

- 좋은 질문은 우상에 대한 시비걸기와 일상에 대한 호기심에서 나온다

- 다른 사람들의 논문, 책, 일상의 매체들, 주변 사람들과의 대화, 실제 경험 등 어디에서든 좋은 질문을 만날 준비를 하라.

- 논문에 쓰일 질문은 관계(A와 B는 어떤 관계인가?)와 차이(X와 Y는 어떤 차이를 보이는가)의 형태로 다듬어져야 한다.

- 논문의 연구 질문은 (1) 선행 연구에서 제기했던 질문을 다시 재확인하는 질문, (2) 서로 대립하는 선행 연구들 간의 대립을 중재하는 질문, (3) 선행 연구들의 질문에 대해 대안을 제시하는 것 중 한 형태를 띠어야 한다.

- 좋은 질문은 (1) 지나치게 거시적이지도 지나치게 미시적이지도 않은 중범위의 질문, (2) 너무 뻔하지 않은 반직관적이고 역발상적인 질문, (3) 구조적 수준의 현상과 개인적 수준의 현상을 연결시키는 질문, (4) 여러 다양한 상황에 적용 가능한 질문, (5) 후속 질문들을 만들어 내는 질문이다.

서사로서
논문의
구조와 흐름

3

로스앤젤레스에 산 적이 있었다. 한국에서 가족이나 친구가 방문하면 제일 먼저 로스앤젤레스 북쪽 그리피스산에 있는 천문대에 데리고 가곤 했다. (최근에는 영화 〈라라랜드*La La Land*〉에 나와 더 유명해졌다.) 사람들을 그곳에 데려간 것은 천문대 옥상에서 로스앤젤레스 전경을 한눈에 볼 수 있어서였다. 거기에서 내려다보면 로스앤젤레스라는 도시에 대한 일종의 개론을 얻을 수 있다. 낯선 도시라도 그 도시의 대략적인 지도가 머릿속에 들어 있다면 훨씬 알차게 그 도시를 경험할 수 있을 것이다.

이 장에서 우리는 '그리피스산'에 함께 올라갈 것이다. 그리피스천문대 옥상까지 올라가는 기분을 느끼며 그곳에서 어떤 전경 하나를 함께 감상할 것이다. 물론 우리가 볼 것은 도시 전경이 아니라 논문의 전경이라는 것을 모두 짐작할 것이다. 이 장의 목적은 논문이 어떻게 구성되는지에 대한 대략적인 전경을 독자들과 함께 바라보는 것이다.

논문의 구성

그리피스산에 올라가서 LA를 내려다보면 격자 모양의 도시 골간을 볼 수 있다. 그 도시의 구체적인 내용은 보이지 않지만 말이다. 지금은 논문의 전경을 보기로 했으니 논문의 뼈대부터 살펴보도록 하자. 논문에 들어가야 하는 주 내용, 즉 논문의 골간은 다음과 같다.

제목

초록

서론Introduction

　연구 목적

　연구의 배경

　연구의 의의

선행 연구에 대한 논의literature review

　선행 연구에 대한 논의

　연구 문제 혹은 연구 가설

연구 방법Methods

　자료 수집 방법

　주요 변인

　자료 분석 방법

연구 결과Results

　　각 연구 문제 혹은 연구 가설 별 연구 결과

결과에 대한 논의Discussion

　　연구 결과의 요약

　　연구 결과의 학문적(이론적, 방법론적) 의의

　　연구 결과의 실제적, 실용적, 정책적 의의

　　연구의 한계 및 후속 연구를 위한 제언

결론

참고 문헌References

　　논문의 골간을 보는 느낌이 어떤가? 이 장에서 우리는 계속해서 우리의 '그리피스산' 위에 머물러 있을 것이다. 그 위에서 논문의 뼈대가 어떻게 구성되어 있고, 논문의 이야기가 어떻게 흘러가는지 내려다볼 것이다. 하지만 4장부터는 산에서 내려가 도시의 구석구석을 살피는 여행자처럼 논문의 길들을 걸어 다닐 것이다. 일단 위에서 열거한 논문 뼈대의 마디마디가 하는 역할부터 간단히 살펴보자.

서론

제목과 초록에 이어 나오는 서론에는 연구 목적, 연구 배경, 연구의 의의가 들어간다. 이 연구에서 달성하는 목적이 무엇인지를 분명히 밝히고, 이 연구의 배경이 무엇인지, 이 연구가 수행되어야 하는 중요한 이론적, 실제적 이유가 무엇인지를 독자에게 설득력 있게 이야기해야 한다.

선행 연구에 대한 논의 및 연구 가설

선행 연구에 대해 논의해야 하는 가장 중요한 이유는 내가 지금 수행하는 연구의 가설과 연구 문제가 어떤 근거에서 도출되었는지, 특히 그것들과 선행 연구들과의 관계가 무엇인지를 밝혀야 하기 때문이다. 선행 연구를 소개하는 것 자체가 목적이기보다는 내가 이 연구에서 제기하는 질문이 선행 연구와 어떻게 연결되는지를 보여 주는 것이 "선행 연구에 대한 논의" 부분의 목적이라는 것이다.

연구 방법

내 연구의 가설과 연구 문제를 다루기 위해 어떤 연구 방법을 사용했는지, 그 연구 방법을 어떻게 체계적으로 수행했는지를 가능한 자세히 소개해야 한다.

연구 결과

앞서 설명한 연구 방법을 통해 발견한 결과를 소개한다. 결과는 연구 가설이나 연구 문제에 대한 것이어야 한다. 연구 결과 부분에서는 가급적 결과에 대한 해석은 지양하고 연구 결과를 제시하는 것 자체에 집중한다.

결과에 대한 논의

결과에 대한 논의 부분에서는 연구 목적을 다시 소개하고, 연구 결과 중 중요한 것들에 대한 요약을 제시한 뒤에, 연구 결과가 갖는 이론적 함의와 실제적 의의를 설명해야 한다. 그리고 자신의 연구 결과를 선행 연구들의 결과와 비교했을 때 그것이 어떤 위치를 차지하는지 설명해야 한다.

논문의 흐름

위에서 간단히 설명한 논문의 구성 요소들은 별개로 존재하는 것이 아니다. 그것들이 모두 서로 연결되어 있어야 한다. 그리고 함께 하나의 흐름을 만들어야 한다. 논문도 하나의 스토리텔링이고 서사인 만큼 이야기의 흐름 구조를 가져야 한다. 그리피스천문대에서 로스앤젤레스 시내를 내려다보면 건물과 길들이 서로 어떻게 연결되어 있는지를 조망할 수 있다. 그 건물 안에서 무슨 일이 벌어지는지, 길 위에서 누가 운전을 하고, 누가 걷는지, 도시 안의 사람들 각각은 오늘 어떤 삶을 살고 있는지는 알 수 없지만 말이다. 세부적인 내용은 알 수 없지만 도시 전체의 큰 흐름은 볼 수 있다. 논문의 각 부분을 쓸 때도 이렇게 그리피스천문대에서 밑을 내려다보듯 논문 전체의 흐름을 생각하며 써야 한다.

모든 이야기에는 흐름이 있다. 그것을 전문가들은 서사 구조라고 부른다. 가령 레프 톨스토이Lev Tolstoy의 소설 《안나 카레니나Anna Karenina》를 예로 들어 보자. 딱딱한 학술 논문하고 가장 관련 없어 보이는 소설 작품을 일부러 골랐다(물론 문학 분야를 제외하고 말이다). 소설 안에는 실타래처럼 얽힌 수많은 이야기들이 들어 있다. 하지만 세세한 것을 생략하면 어떤 큰 줄기가 읽힌다. 《안나 카레니나》의 줄거리는 이렇다. 19세기 러시아의 페테르부르크에서 고위 관료 카레닌의 아내로 살던 귀부인 안나 카레니나가, 기차역에서 우연히 멋지고 젊은 장교 브론스키를 만난다. 이 둘은 사랑에 빠지고 결국 불륜을 저지른다. 안나 카레니나는 남편에게 이혼을 요구하지만 남편은 거절한다. 안나 카레니나는 결국 남편을 뒤로하고 브론스키를 따라 유럽으로 떠난다. 러시아로 돌아왔을 때 안나 카레니나는 사회적으로 배척당하고, 집에 갇힌 채 브론스키에만 집착하는 사람이 되어 버린다. 그의 집착이 커지자 브론스키마저 그녀를 멀리한다. 결국 안나는 신경쇠약으로 시달리다가 브론스키를 처음 만난 기차역에서 자살로 생을 마감한다.

물론 이런 줄거리는 톨스토이에게 미안한 생각이 들 정도로 압축적이다. 《안나 카레니나》에는 이보다 훨씬 복잡한 구조의 이야기가 있다. 그런데 이 짧은 줄거리에서도 우리는 어떤 흐름을 읽을 수 있다. 그리피스천문대에서 로스앤젤레스 거리를 바라보는 관광객의 시선으로 보면 《안나 카레니나》의 흐름을 대략 이런 식으로 정리할 수 있다.

러시아의 귀족 사회와 완벽해 보이는 결혼 생활 →

자신의 부족함을 깨닫게 해 주는 대안의 등장 →

대안을 추구 →

불행한 결과

물론 이 책에서 《안나 카레니나》를 끌고 온 것은 논문에도 이런 서사의 흐름이 있어야 한다는 것을 강조하기 위해서다. 《안나 카레니나》를 분석한 방식으로 해 보면 논문은 대략 이런 서사 흐름을 가질 수 있다.

기존 연구의 동향(연구 문제) →

대안적 가설의 등장 →

대안 가설의 검증 추구 →

검증의 결과

가만 들여다보면 논문의 서사 구조도 《안나 카레니나》의 서사 구조와 기본적인 틀에서는 큰 차이가 없음을 알 수 있다. 늘 우리에게 익숙한 이야기들은 안정적이었던 현실이 흔들리는 것에서부터 시작한다. 현실의 동요 가운데서 상실된 것, 부족한 것, 추구해야 하는 것 등이 부각된다. 그것을 찾기 위한 여정(대개 주인공의 여정)이 시작된다. 그리고 여정의 결과가 나타난다. 결과는 긍정적인 것일 수도 있고, 부정적인 것일 수도 있고, 유보적인 것일 수도 있다.

문제가 있는 현실 →

대안 제시 →

대안 검증 →

결과

학술 논문도 사실상 비슷한 서사 흐름을 갖는다. 이런 식이다. 기존 이론을 바탕으로 한 선행 연구에서 제시하는 답에 부족한 점이 드러난다, 이 부족한 점을 메우기 위해 연구자(물론 저자 본인이다!)가 여정에 착수한다, 선행 연구들이 상실했던 것, 부족했던 것, 더 추구해야 했던 것을 그 연구자가 자신의 연구를 통해 채우려 한다. 물론 그 결과는 긍정적인 것일 수도 있고, 부정적인 것일 수도 있고, 유보적인 것일 수

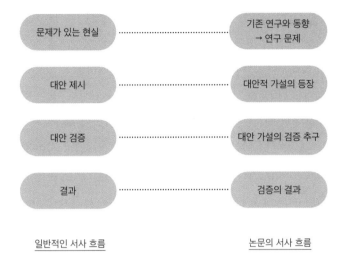

문제가 있는 현실	기존 연구와 동향 → 연구 문제
대안 제시	대안적 가설의 등장
대안 검증	대안 가설의 검증 추구
결과	검증의 결과

일반적인 서사 흐름   논문의 서사 흐름

그림 2.   일반적 서사 흐름과 논문 서사 흐름의 유사성

도 있다. 이런 식으로 논문의 흐름을 정리해 놓고 보면, 논문에도 아주 멋진 서사가 있음을 볼 수 있다. 논문의 저자도 괴물을 무찌르려 말을 타고 떠나는 용사라고 해야 할 정도다!

논문 쓰기가 괴물을 무찌르러 떠나는 용사의 여행이라는 것은 물론 과장 섞인 비유다. 하지만 그렇게 느끼며 쓰는 것도 나쁘지 않다. 논문이 서사적 흐름을 갖출 수만 있다면 말이다. 논문은 부분 부분 논리적 연계가 불분명한 단어의 조합이 아니다. 논문이 아무리 건조한 주제를 다룬다 해도 서사의 흐름을 분명히 인식하고 쓰는 것과 그렇지 않은 것은 매우 큰 차이를 만든다. 이해를 돕기 위해서 예를 하나 더 들어보겠다. 이 책이 논문 쓰기에 대한 책인 만큼 이번에 소개할 예는 학술지에 발표된 A라는 논문이다. 이 장의 앞 부분에서 제시한 논문 뼈대 요소 순서를 따라 말해 본다.

A 논문의 핵심 질문은 소셜 미디어가 사람들의 지역 참 여에 영향을 미치는지에 대한 것이다. 이 논문은 다음과 같 은 스토리텔링의 흐름을 갖는다. 그 흐름을 느끼면서 읽어 보기 바란다.

(서론) 내가 이 연구를 통해서 알고 싶은 것은 소셜 미디어 이 용이 장소를 기반으로 한 사회적 관계와 공동체적 참여에 어 떤 영향을 미치는지에 대한 것입니다(서론: 연구의 목적). 소셜 미디어가 사회적 관계와 참여에 어떤 영향을 미칠지에 대해서 는 상반된 견해와 연구 결과들이 존재해 왔어요. 왜 그런 상 반된 결과가 제시되어 왔을까요? 이 질문에 답하기 위해서는 소셜 미디어 이용과 장소 기반의 사회적 관계와 참여 사이의 관계에 대한 추가적인 연구가 필요합니다(서론: 연구의 배경). 그러한 연구는 뉴 미디어의 사회적 영향에 대한 이론적 정교 화에 기여할 뿐 아니라, 도시 내 공동체 활성화에 소셜 미디어 를 어떻게 활용할 수 있을까 등과 같은 정책적 논점에 대한 제

안도 제시할 수 있어요(서론: 연구의 의의).

(선행 연구에 대한 논의) 소셜 미디어의 장소 기반 관계와 참여에 대해서 상반된 연구 결과들이 제시되어 왔다고 앞에서 언급했는데 이제 그에 대해서 조금 더 자세히 말해 볼게요. 소셜 미디어의 긍정적인 영향에 대해서 말한 대표적인 연구들은 소셜 미디어가 궁극적으로 지역 기반의 관계를 활성화하는 역할을 할 수 있다는 결과들을 제시했어요. 그 예는 이런 것들이에요. (중략) 반대로 부정적인 영향에 대해 보고한 연구들은 소셜 미디어가 사람들을 지역에서부터 멀어지게 하고, 지역 기반의 관계와 참여 경향을 억제하는 효과를 가져온다는 결과를 제시했어요. 그 예로는 이런 것들이 있어요. (중략) 이 상반된 연구 결과들이 나온 이유를 설명하기 위해서 어느 한쪽에 서기보다는 이 연구에서 제3의 대안적 가설을 제시해 보려 합니다. 이 대안적 가설은 커뮤니케이션 하부 구조 이론을 바탕으로 한 것이에요. 여기서 커뮤니케이션 하부 구조 이론의 모든 것을 다 설명할 필요는 없지만, 이 연구와 관련된 부분은 좀 더 자세히 설명해 볼게요. (중략) 이 이론이 설명하는 방식을 따라 나는 지역 기반의 커뮤니케이션 자원을 원래부터 많이 갖고 있던 사람들은 소셜 미디어를 지역 기반 관계와 참여를 활성시키는 방향으로 사용하고, 반대로 지역 기

반의 커뮤니케이션 자원이 원래부터 부족한 사람들은 소셜 미디어를 지역으로부터 오히려 멀어지는 방식으로 사용한다는 가설을 세웠어요.

(연구 방법) 이 가설을 검증하기 위해서 나는 설문 조사를 실시했는데 설문 조사를 어떻게 했는지, 설문 조사에서 이 연구의 주요 변인들을 어떻게 측정했는지, 그리고 어떻게 분석했는지 자세히 말씀드려 볼게요. (중략)

(연구 결과) 이 연구의 주요 결과는 다음과 같습니다. 앞에서 제가 제시한 연구 가설 순서대로 각각의 가설이 검증이 되었는지, 그렇지 않은지를 말씀드릴게요. (중략)

(결과에 대한 논의) 이 연구의 목적은 소셜 미디어 이용이 장소를 기반으로 한 사회적 관계와 공동체적 참여에 어떤 영향을 미치는지 알아보려는 것이었습니다. 제가 이 연구에서 발견한 것은 소셜 미디어가 대체로 장소 기반의 관계 맺기와 참여에 긍정적인 역할을 할 수 있는데, 그러한 긍정적인 역할은 주로 이미 지역 기반의 커뮤니케이션 자원을 많이 갖고 있었던 사람들 사이에서만 나타난다는 것이었어요. 이것은 기존의 커뮤니케이션 하부 구조 이론에서 주장하는 것과 일치하는 것

이어서 이론의 설명력을 검증했다는 의의가 있구요, 또 지역 커뮤니티 활성화를 위해서 소셜 미디어와 같은 뉴 미디어를 적극 활용하는 것이 의미 있는 작업이 될 수 있음을 보여 준다는 실제적인 의의도 있어요. 이 연구가 갖는 몇 가지 방법론적 한계를 극복하면 더 훌륭한 후속 연구가 나올 수 있을 뿐 아니라, 이 연구의 결과는 후속 연구가 추구할 새로운 연구 문제를 던지고 있는데, 그것들은 다음과 같은 것들입니다. (후략)

논문도 하나의 스토리텔링이라는 것을 강조하기 위해서 구어체로 적어 보았다. 이 예에서 내가 이 책의 독자들에게 보여 주려 한 것은 논문이 어떻게 하나의 서사로서 흐름을 갖는지였다. 그런 흐름이 보이는가? 위의 예시는 이 책을 위해 만든 상상의 산물은 아니고, 실제 내가 학술지에 발표한 논문이다.● 실제 이 논문이 어떻게 쓰였는지 궁금하다면 각주에 제시한 참고 문헌을 찾아보기 바란다.

● Kim, Y. C., Shin, E., Cho, A., Jung, E., Shon, K., & Shim, H. (2019). "SNS dependency and community engagement in urban neighborhoods: The moderating role of integrated connectedness to a community storytelling network," *Communication Research*, 46(1), pp.7~32.

논문의 서사를 구축하라

학술 논문은 정해진 틀에 맞춰서 써야 한다. 가령 (1) 서론, (2) 선행 연구에 대한 논의, (3) 연구 방법, (4) 연구 결과, (5) 결과에 대한 논의 등의 순서를 따라서 논문을 써야 한다. 이런 틀 속에서 논문을 쓸 때 저자가 명심할 점은 기계적으로 틀에 맞춰 논문을 쓰는 것에 그쳐서는 안 된다는 것이다. 논문의 서사를 구축해야 한다. 논문에도 이야기 흐름의 구조가 있어야 한다. 논문 안에서 저자는 자신의《안나 카레니나》를 찾아야 하고, 그녀의 상실, 대안의 추구, 대안의 검증 이야기와 같은 흐름을 따라 논문을 써야 한다. 논문의 저자는 스스로를 스토리텔러로 인식해야 한다. 물론 그가 전하는 스토리는 과학적 방법에 의해 수집하고 분석하는 데이터를 바탕으로 한 것이야 하지만 말이다.

이제 그리피스산에서 내려갈 때가 되었다. 그리피스산에 있는 할리우드 사인에 노을 그림자가 비치기 시작한다. 이제 산을 내려가 도시의 골목으로 들어서야 한다. 그 골목 입구에는 '제목'과, '초록'과 '서론'의 문이 있다. 마치 차이나타운에 들어설 때 보이는 패루처럼 말이다.

- 학술 논문은 정해진 구성 요소들을 일정한 틀에 따라 써야 한다.
- 논문의 구성 요소들은 별개로 존재하는 것이 아니라 하나의 서사적 흐름 속에서 서로 연결되어 있어야 한다.
- 논문도 서사의 흐름이 있는 하나의 스토리텔링이다.

어떻게 대화를
시작할 것인가

제목, 초록, 서론

4

3장에서 우리는 로스앤젤레스의 그리피스산에 올랐었다. 이제 산에서 내려와 다른 곳으로 가보자. LA에 살 때 그리피스천문대만큼 사람들을 자주 데리고 간 곳은, 그 도시의 대표적 미술관이라 할 수 있는 게티센터다. 게티센터는 산타모니카산 자락 브렌트우드 언덕의 꼭대기에 있다. 언덕 밑에는 LA에서 가장 붐비는 도로 중 하나인 405번 고속도로가 지나간다. 그곳에 가면 자연과 건물을 절묘하게 조화시킨 리처드 마이어Richard Meier의 건축물들, 시각, 청각, 후각을 동시에 즐겁게 해 주는 멋진 정원들을 볼 수 있다. 태평양 바다, LA를 둘러싼 가브리엘산, LA 시내의 모습이 파노라마 같이 펼쳐진 전망을 파란 하늘, 강렬한 태양, 산들바람과 함께 마음껏 즐길 수 있다.

게티센터에 올라가려면 누구든 산 밑에 있는 게티센터 입구에 가서 트램을 타고 1.2킬로미터쯤 산을 올라야 한다. 트램을 타고 올라가면서 방문객들은 이제 자신들이 세속을 떠나 새로운 세상에 들어선다는 것을 실감한다. 트램은 방문객에게 새로운 경험의 장으로 곧 들어선다는 오리엔테이션을 위한, 일종의 연극적 장치라 해도 과언이 아니다.

논문 쓴다는 것을 게티센터에 방문하는 것에 비유해 보자. 논문을 쓸 때도 독자를 논문의 내용으로 이끄는 트램이 있다. 그 트램은 새로운 시작과 전환을 독자에게 알려 준다. 독자들을 트램에 태운 뒤 이제 조금 있으면 멋진 풍광과, 새로운 시각과, 짜임새 있게 지어진 건물을 담은 본문이 등장할 것이라는 것을 알려 준다. 학술 논문의 트램에는 제목과, 초록과, 서론이라는 이름의 차들이 달려 있다.

사람들을 논문의 본문으로 인도하는 트램에서 제일 첫 칸은 당연히 제목이다. 제목 다음에는 논문의 핵심 요약이 들어 있는 초록abstract이 온다. 제목과 초록 다음에는 논문의 목적을 보여 주는 서론이 나온다. 제목, 초록, 서론은 글을 쓰는 사람이나 읽는 사람 모두에게 논문 전체의 길잡이 역할을 한다. 논문의 맨 처음에 나오는 제목, 초록, 서론이 중요하다는 데는 모두 동의할 것이다. 그런데 대부분의 사람들이 인식하는 것보다 이 셋은 훨씬 더 중요하다. 어떤 논문이 아무리 좋은 내용을 많이 담았다 하더라도 좋은 제목과, 초록과, 서론이 없다면 독자들이 그 내용에 관심을 보일 가능성이 줄어들 것이기 때문이다. 좋은 제목과, 초록과 서론을 쓰는 것에 공통적으로 적용되는 원칙이 있다. 가령 간결하게 핵심을 짚어야 한다는 것, 독자로 하여금 본문을 읽고 싶다는 생각을 하게 만들어야 한다는 것 등이다. 이 장의 목적은 효과적인 제목, 초록, 서론을 쓰는 법에 대해서 함께 살펴보는 것이다. 자, 이제 같이 제목, 초록, 서론이라는 이름의 트램에 올라타 보자.

제목

논문에서 제목이 중요하다는 것은 두말할 필요 없는 사실이다. 제목은 논문에서 얼굴과 같다. 우리가 처음 만나는 사람을 외모만 보고 판단하는 경우가 있듯이(나중에 종종 후회하지만) 사람들 대부분은 논문 제목만 보고 그 논문을 읽을지 읽지 않을지 결정한다. 심지어는 제목만으로 그 논문에 대해 일차적 평가를 한다. 논문 제목이 모호하거나, 흥미로워 보이지 않으면 논문 검색 리스트의 다음 논문 제목으로 바로 넘어갈 것이다. 그러므로 논문 제목은 아주 신중하게 달아야 한다.

논문 제목은 대체로 다음 요소들을 포함한다.

(1) 눈길 끄는 문구
(2) 핵심 내용

(3) 맥락 정보

첫 번째 눈길 끄는 문구란 내 논문을 잠재적 독자들에게 파는 일종의 광고 문구 같은 것이다. 두 번째 핵심 내용은 논문의 기본적인 내용을 소개하는 부분이다. 그러고 나서 시공간적 맥락에 대한 추가 정보가 올 수 있다. 논문 제목에 이 세 요소를 항상 포함시킬 필요는 없다. 셋 중 가장 중요한 부분은 물론 (2)번이다. 제목이 길다는 느낌이 든다면 (1)번과 (3)번은 생략하고 (2)번만으로 제목을 달 수 있다.

논문 제목의 역할은 사람들로 하여금 논문을 읽게 하는 것이다. 물론 모든 사람이 내가 쓴 논문을 읽을 필요는 없다. 그 논문을 읽어야 하는 사람들이 읽으면 된다. 한 논문의 제목은 그 논문을 읽을 필요가 있는 사람들이 그것을 발견하고 읽게 만드는 것이 되어야 한다. 그래서 어떤 면에서 논문 제목은 생산자와 소비자를 연결하는 광고 문구나 기자와 독자를 연결하는 기사 제목과 비슷한 역할을 한다. 논문 제목도 결국 논문 생산자와 논문 소비자(독자)를 연결해 주는 역할을 하는 것이다. 논문 제목이 이런 역할을 제대로 하기 위해서는 다음과 같은 조건을 만족해야 한다.

논문 제목은 (1) 짧으면서도, (2) 핵심을 짚고, (3) 매력적이어야 한다.

읽어야 할 사람들이 내 논문을 읽도록 하기 위해서는 짧고, 핵심을 놓치지 않고, 매력적인 제목을 달아야 한다. 쓸데없이 길고, 모호하고, 지루한 제목의 논문은 독자가 외면할 것이다. 읽을 필요가 없는 사람이 내 논문을 읽지 않는 것까지 신경 쓸 필요는 없다. 다만 꼭 읽어야 하는 잠재적 독자가 지루하거나 핵심을 제대로 전달하지 못하는 제목 때문에 내 논문을 발견하지 못하고, 읽지 못한다면 세상에 그보다 더 안타까운 일이 어디 있겠는가! 물론 그렇다고 해서 과장 광고 문구 같은 제목을 달거나, 클릭 수를 올리기 위한 낚시성 언론 기사 같은 제목을 달라고 하는 것은 아니다. 내 논문을 읽을 필요가 있는 사람들의 눈에 띄는 제목이면 충분하다. 짧고, 핵심을 짚고, 매력적인 논문 제목이라면 읽어야 하는 사람들의 눈에 잘 띌 것이다. 왜 그런 논문 제목이 중요한지에 대해 조금 더 자세히 살펴보자.

첫째로 논문 제목은 가능한 짧은 것이 좋다. 워릭대학 연구진들이 2015년에 발표한 논문에 따르면 제목이 짧은 논문일수록 인용 빈도가 높았다(Letchford, Moat, & Preis, 2015). 구글 스칼라 같은 데서 논문 검색을 하면 논문들의 제목 길이가 천양지차인 것을 쉽게 볼 수 있다. 워릭대학의 연구도 그러한 점을 발견했다. 그들이 분석 대상으로 삼은 논문 제목 중에는 모두 397자나 되는 것도 있었고, 단 한 단어로만 된 것도 있었다. 397자짜리 논문 제목은 〈순환*Circulation*〉이라는 학술지에 실린 논문이었는데, 이런 식이었다.

"ACC/AHA 2007 guidelines for the management of patients with unstable angina/non ST-elevation myocardial infarction: a report of the American College of Cardiology/ American Heart Association Task Force on Practice Guidelines (Writing Committee to Revise the 2002 Guidelines for the Management of Patients With Unstable Angina/Non ST-Elevation Myocardial Infarction): developed in collaboration with the American College of Emergency Physicians, the Society for Cardiovascular Angiography and Interventions, and the Society of Thoracic Surgeons endorsed by the American Association of Cardiovascular and Pulmonary Rehabilitation and the Society for Academic Emergency Medicine."

한숨에 다 읽기에도 벅찰 정도로 길다. 반면에 한 단어짜리 제목 중 하나는 의학 저널 〈랜싯*The Lancet*〉에 실린 논문이었다. "Myopia(근시)."

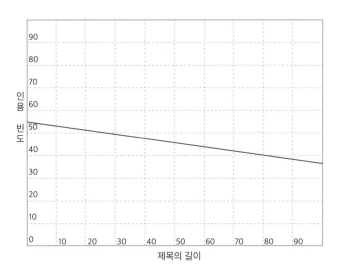

그림 3. **논문 제목 길이에 따른 인용 빈도**

출처: Letchford, Moat, & Preis, 2015.

워릭대학 연구진이 제시한 다른 분석 결과를 조금 더 살펴보면 왜 긴 제목보다는 짧은 제목을 달려고 노력해야 하는지 알 수 있다. 그림 3은 제목의 길이와 피인용 수 사이에 어떤 관계가 있는지를 보여 준다. 위의 그림에서 가로축은 제목의 길이이고, 세로축은 피인용 수다. 그림을 보면 전반적으로 왼쪽 위에서 오른쪽 아래로 기우는 추세가 있음을 볼 수 있다. 이는 제목의 길이와 피인용 수 사이에 부적 관계가 있음을 말하는 것이다. 즉 논문의 길이가 길수록 피인용 수가 줄어든다는 것이다. 물론 어떤 논문이라도 피인용 수는 시간이 지나면서 늘어나기 마련이다. 피인용 수는 논문이 어떤 학술지에 실렸는지에 따라서도 다를 것이다.

그렇다면 2010년 같은 해에 같은 학술지 〈사이언스 Science〉에 실린 두 개의 논문을 비교해 보자. 하나는 "The role of particle morphology in interfacial energyátransferáin CDSE/CDS heterostructure nanocrystals"이고 또 하나는 "A draft sequence of theáneanderthal genome"이다. 첫 번째 논문의 단어 수는 총 13개이고, 두 번째 것은 7개다. 제목이 긴 첫 번째 논문이 2015년까지 받은 피인용 수는 68회이고, 제목이 짧은 두 번째 논문이 같은 기간에 받은 피인용 수는 700회였다. 같은 시기에 같은 학술지에 실린 논문이지만 제목이 짧은 논문이 제목이 긴 논문보다 10배 이상의 피인용 수를 보였음을 알 수 있다. 물론 피인용 횟수의 결정 요인으로는 발행 연도와 학술지뿐 아니라, 논문 저자가 누구인지, 논문의 주제가 무엇인지, 논문의 질은 어떤지 등 다양한 요인들이 복합적으로 작용한다. 그럼에도 제목의 길이가 피인용 수에 영향을 미쳤을 것이라는 점은 부인하기 힘들다.

둘째로 논문 제목은 핵심을 짚는 것이어야 한다. 논문 제목이 짧은 것도 좋지만, 동시에 논문의 내용에 대한 기본적인 정보를 명확하고 분명하게 제시해 주어야 한다. 제목만 봐서는 도대체 무슨 내용의 논문인지 알 수 없다면 좋은 제목이 아니다. 따라서 무조건 제목이 짧은 것이 좋은 것은 아니다. 핵심적인 내용을 잘 전달하는 것이 사실 더 중요하다.

예를 하나 들어 보자. 어떤 논문의 제목이 가령 "미디어와 정치"라고 해 보자. 이 제목은 비교적 짧은 제목이다. 그렇다면 제목이 짧아야 한다는 첫 번째 관문은 통과했다 할 수 있다. 그러나 핵심을 잘 짚는 제목인가? 이 제목을 통해서 사람들은 이 논문이 어떤 내용을 다루는지 눈치챌 수 있나? 사실 쉽지 않다. 미디어와 정치는 매우 광범위한 주제다. 그 안에도 수많은 세부적인 이슈들이 있어서 이 제목만 봐서는 어떤 내용이 담겨 있을지 짐작하기가 쉽지 않다. 이런 제목은 아마도 논문보다는 책에 더 어울릴 것이다. 학술논문의 제목은 논문에서 다루는 연구 내용에 대해 어느 정도는 짐작할 수 있는 내용을 포함해야 한다. 그래야 핵심을 짚는 논문 제목이 될 수 있다.

"미디어와 정치"보다는 조금 더 구체적인 제목을 들어 보자. 가령 "소셜 미디어 이용과 정치 참여"는 "미디어와 정치"보다는 조금 더 구체적인 제목이다. 이 제목을 보면 이 논문이 미디어 중에서도 소셜 미디어에 대해, 정치와 관련된 현상 중에서도 시민들의 정치 참여에 대해 다루는 논문임을 쉽게 알 수 있다. 이 제목 정도면 충분히 논문이 다루는 주제에 대한 핵심을 짚은 것이라 말할 수 있을까? 다음 제목들과 비교해 보라.

(1) 소셜 미디어 이용과 정치 참여: 2019년 홍콩 시위를 중심으로
(2) 소셜 미디어 이용과 정치 참여: 메타분석
(3) 소셜 미디어 이용과 정치 참여: 심층 인터뷰 방법
(4) 소셜 미디어 이용과 정치 참여: 미디어 체계 의존 이론의 검증

앞에서 제시한 제목들은 모두 "소셜 미디어 이용과 정치 참여"라는 제목에 별도의 부제를 붙임으로써 논문에 대한 추가 정보를 제공한다. 이러한 추가 정보 때문에 제목이 훨씬 더 길어졌다. (1)번은 논문이 대상으로 삼는 시공간적 맥락에 대한 정보를 제공하고, (2)는 논문에서 사용한 특정 분석 방법에 대해, (3)은 데이터의 성격에 대해, (4)는 논문에서 사용한 특정 이론에 대해 소개하는 추가 정보를 제공했다. 이러한 추가 정보들 덕택에 논문 제목의 구체성이 더 높아졌다. 여기서 우리가 해야 하는 질문은 이런 것들이다.

- 이러한 추가 정보를 통해 논문의 핵심 정보가 더 잘 전달

되었는가?

- 그럼으로써 잠재적 독자들이 내 논문을 읽을 가능성이 높아졌는가?

내 평가는 이렇다. 이 제목들이 "소셜 미디어 이용과 정치 참여"보다는 시공간적 맥락 정보, 이론이나 방법론과 같은 추가 정보를 제공함으로써 핵심을 더 잘 전달하는 제목이 되었다고 생각한다. 특히 이 제목들은 추가 정보를 제공함으로써 내 논문이 같은 주제를 다룬 다른 연구들과 어떤 차별성을 갖는지도 잘 전달했다. 그런 정보는 잠재적 독자로 하여금 논문에 대한 흥미를 더 느끼게 할 것이다. 이 제목들의 길이도 이 정도면 적당하다 할 수 있다.

다른 예들을 조금 더 살펴보자.

(5) 소셜 미디어 이용이 정치 참여에 미치는 영향

(6) 소셜 미디어 이용이 정치 참여에 미치는 긍정적 영향에 대한 연구

(7) 소셜 미디어 이용 시간, 빈도, 의존 정도가 정치에 대한 관심, 효능감, 시위 참여 경험과 의도에 미치는 영향

(5)의 경우는 앞에서 제시한 "소셜 미디어 이용과 정치

참여"에 '영향'이라는 단어를 추가해서 이 연구가 검증하려는 소셜 미디어 이용과 정치 참여 사이의 관계 특성을 구체화시켰다. 쉽게 말하자면 이 연구에서는 소셜 미디어 이용이 정치 참여라는 결과의 원인인지를 규명하는 연구라는 것을 명시화한 것이다. 우리가 흔히 볼 수 있는 제목의 형태다. 하지만 '영향'이라는 단어를 붙이지 않아도 대부분 "소셜 미디어와 정치 참여"라는 제목만으로도 이 연구가 어떤 방식의 관계를 검증하려는 것인지 눈치챌 수 있다. 그래서 '영향'이라는 단어가 하는 역할은 그리 크지 않다. 짧은 제목이 좋다는 원칙에 따른다면 빼는 것이 좋다고 할 수 있다.

그렇다면 (6)의 경우는 어떤가? 이 경우는 소셜 미디어와 정치 참여 간 관계의 방향성(소셜 미디어 → 정치 참여)뿐만 아니라 관계의 긍정 혹은 부정을 어떻게 가설화(여기서는 긍정으로 가설화)했는지에 대한 것까지 제목에서 밝혔다. 일반적인 기준으로 이것은 너무 과도한 제목이다. 이런 제목을 보면 사람들이 이 논문의 내용을 너무 많이 유추할 수 있기 때문이다. 그렇다면 본문을 읽고자 하는 사람들의 의욕이 줄어들 수 있다. (7)의 경우는 조금 다른 방식으로 과도한 정보를 제공한 예다. 이 논문이 다루는 모든 주요 변인들을 제목에서 다 열거했다. 열거된 변인 중 하나라도 관심이 있는 사람은 논문을 읽을 것이라는 생각으로 이런 제목을 다는 경우가 있다. 하지만 지나친 것이 모자라는 것보다 나쁜 경우가 많다는 것을 생각해야 한다.

논문 제목은 핵심을 짚어야 한다. 그러기 위해서는 핵심적인 개념들을 포함해야 한다. 논문이 다루는 이슈에 대해 독자들이 약간 눈치챌 수 있을 정도의 내용을 논문 제목이 포함하면 충분하다. 문제는 어느 정도까지의 정보를 줄 것인가에 대한 것이다. 위에서 언급했듯이 제목 하나만 읽어도 논문 내용 전체를 파악할 정도로 지나치게 구체적인 것은 곤란하다. 앞에서 논문 제목의 주된 기능은 독자로 하여금 논문의 본문을 읽게 하는 것이라 했다. 논문 제목의 가장 중요한 기능은 독자가 적절한 호기심을 갖고 논문을 펼쳐서(혹은 다운로드해서) 읽게 만드는 것이다. 논문 제목이 너무 지나치게 구체적이라면 사람들이 제목만 읽고 본문을 읽으려 하지 않을 것이다. 그래서 논문 제목은 너무 추상적이어도 안 되지만, 너무 구체적이어도 안 된다. 적당히 추상적이어야 하고, 적당히 구체적이어야 한다. 불친절한 요리책에서 많이 쓰는 단어인 '적당히'란 단어만 쓰고 구체적인 지침을 주지 못해 안타깝지만, 어느 정도가 적당한 것인지에 대한 기준을 한마디로 말하기는 사실 어렵다. 학문 분야에 따라, 논문의 성격에 따라 다르기 때문이다. 적당히의 기준이 무엇인지는 자기가 속한 분야에서 권위 있는 학술지의 제목들을 훑어 보면 조금 감을 잡을 수 있을 것이다. 다른 방법은 지도 교수나 동료들의 조언을 얻는 것이다.

셋째, 제목은 짧고, 핵심을 짚는 것을 넘어서서 매력적이기도 해야 한다. 어떻게 하면 제목을 매력적으로 만들 수 있을까? 논문 제목은 신문 기사 제목도 아니고, 광고 카피도 아니다. 그래서 그런 분야에서 제목을 매력적으로 만드는 것과는 다른 접근을 취해야 한다. 사실 논문 제목을 매력적으로 만들 장치는 매우 제한적이다. 어쩌면 앞에서 언급한 두 가지 조건, 짧고, 핵심적인 제목이면 이미 논문 제목으로서 충분한 조건을 갖췄다고도 할 수 있다. 그럼에도 여기서 우리가 쓸 수 있는 세 가지 정도의 장치에 대해 언급해 보겠다.

첫 번째는 의문문의 형태로 제목을 다는 것이다. 아랍 혁명에서 드러난 소셜 미디어의 역할에 대한 논문이라면 "소셜 미디어는 아랍 혁명을 가능하게 했는가?"와 같은 제목을 다는 경우다. 물론 제목에서 답까지 주지는 않는다. 답을 알기 위해서는 논문을 읽어야 한다.

두 번째는 (첫 번째 장치와는 다른 방식으로) 논문 제목에서 아예 답을 제시하는 경우다. 논문 제목과 신문 제목은 본질적으로 다르지만 논문 제목이 답을 제시하는 경우는 언론의 헤드라인 제목과 매우 흡사한 형태를 띤다. 논문 제목이 뭔가 새로운 소식을 사람들에게 전하는 형태를 띠는 것이다. 가령 "소셜 미디어가 아랍 혁명을 가능하게 했다" 같은 제목이다.

세 번째는, 제목에 비유나 상징, 혹은 패러디 문구를 삽입하는 것이다. 가령 "제국의 귀환," "광산의 카나리아," "노인을 위한 나라는 없다," "두 도시 이야기" 등과 같은 문구를 학술 제목에서 종종 찾아볼 수 있다. 이런 것들이 논문의 핵심적인 내용을 압축적으로 보여 주고, 독자에게 논문을 읽어 보고 싶게 만든다면 권장할 만하다. 그러나 논문의 내용을 오해하게 만들 수도 있다. 또 독자가 익숙하지 않은 비유나 상징, 패러디를 쓸 경우엔 오히려 역효과가 날 수도 있으니 신중하게 사용해야 한다.

논문 제목 관련 추가 체크 리스트

논문 제목과 연관된 이슈 몇 가지를 더 말해 보겠다.

우선 투고하려는 학술지의 지침을 잘 살펴보아야 한다. 논문을 제출하려는 학술지가 제목과 관련해서 별다른 제약 조건을 제시하지 않는다면 제목은 일반적인 원칙에 따라 정하면 된다. 일반적인 원칙이란 앞에서 이야기한 대로 짧고, 핵심을 짚으면서도, 흥미로운 제목을 달아야 한다는 것이다. 학술지가 논문 제목과 관련해서 분명한 규칙을 제시하는 경우도 있다. 가령 의학 분야 학술지는 임상 데이터를 썼는지, 체계적 리뷰인지, 메타연구인지, 혹은 반복 연구인지 등을 제목에서 밝힐 것을 명시하는 경우가 있다. 어떤 경우에는 논문 제목에서 결과를 제시하지 않도록 하기도 한다. 경험적 연구의 결과는 통계적 조건들, 혹은 실험상의 조건들을 전제로 하고 이해해야 하는 경우가 대부분이기 때문에 신문 제목같이 결과만 제목으로 제시할 경우 자칫 독자들에게 과장된 정보를 제공할 수 있기 때문이다. 학술지가 제목과 관련해서 분명한 규정을 제시하는 경우는 반드시 학술지의 지침을 따라서 제목을 정해야 한다.

부제는 필수적인 것이 아니다. 부제가 없어도 충분히 짧고, 핵심을 짚고, 흥미로운 제목이 가능하다면 부제 없이 제목을 다는 것이 좋다. 부제가 필요한지 아닌지 판단하는 방법은 이렇다. 부제를 빼고 제목을 읽었을 때, 혹은 부제 내용의 전체 혹은 일부를 본 제목에 포함했을 때 충분히 효과적인 제목이 만들어질 수 있는지 없는지 살펴보는 것이다. 물론 부제를 없애고도 효과적인 제목을 만들 수 있다면 부제 없는 제목을 택하는 것이 더 좋다.

지나치게 전문적인 용어나, 약자는 제목에 쓰지 않는 것이 좋다. 제목은 제목의 단어와 문구만으로 전달하려는 내용을 100% 독자적으로 전달할 수 있어야 한다. 제목에 들어 있는 단어나 약자의 의미를 알기 위해서 본문을 읽어야 하거나 다른 소스를 참조해야 한다면 좋은 제목이라 할 수 없다.

진부한 관용어는 가능하면 피하는 것이 좋다. 가령 ○○○에 대한 연구, ○○○에 대한 고찰 등은 진부한 제목이다. "소셜 미디어 이용과 시민 참여"로도 충분히 훌륭한 제목이 될 수 있다. 굳이 여기에 연구, 고찰 등을 붙여서 "소셜 미디어 이용과 시민 참여에 대한 연구" 혹은 "소셜 미디어 이용과 시민 참여에 대한 고찰" 등의 제목을 만들 필요가 없다. 연구, 고찰 이외에도 논의, 조사, 탐색 등의 단어들도 가급적 피하는 것이 좋다.

논문의 가치를 떨어뜨릴 용어를 굳이 넣을 필요가 없다. 가령 탐색적 연구exploratory study 같은 말이 여기에 해당한다. 꼭 필요한 경우가 아니라면 그런 말들은 빼는 것이 좋다.

마지막으로 논문 제목에서 느낌표를 사용하는 것은 가능하면 피하라!

초록

논문을 읽을 것인가 아닌가를 결정하는 데 가장 큰 영향을 미치는 것은 물론 제목이다. 그런데 제목만큼이나 중요한 것이 초록이다. 대개 사람들은 논문을 읽을 때 제목 → 초록 → 본문 안의 표와 그림 → 결과에 대한 논의 부분의 첫 문단 → 서론 → 본론의 순서로 본다. 물론 개인적인 차이는 있겠지만 말이다. 제목 다음으로 초록을 보면서 사람들은 논문이 얼마만큼 자기 관심사와 연관되는지를 판단하고, 논문을 읽을지 아닐지 결정한다.

논문 제목을 어떻게 할 것인가 고민하는 것만큼 초록도 매우 신중하게 시간을 들여서 써야 한다. 잠재적 독자가 내 논문에서 읽을 유일한 부분이 될 수도 있기 때문이다. 대개 논문을 쓰다 보면 초록은 제일 마지막에 의무감으로 쓰게 마련이다. 그런데 논문을 위해 쏟은 노력을 엉성한 초록 때문에 망쳐서는 안 된다. 논문을 쓸 때 마지막까지 최선을 다하라고 누가 말한다면, 나는 그 말이 초록까지 정성껏 써야 한다는 말이라고 받아들이겠다.

초록에는 다음 네 가지 요소가 필수적으로 들어가야 한다. 먼저 논문의 목적, 주요 연구 문제와 가설, 방법론 등을 간략하게 소개해야 한다. 각각 한두 문장이면 충분하다. 그러고 나서 논문의 주요 결과를 가능하면 이해하기 쉽게, 간단명료하게 제시해야 한다.

(1) 논문의 목적

(2) 논문의 주요 연구 문제와 가설

(3) 논문의 방법론 핵심 사항

(4) 논문의 주요 결과

위에서 가장 중요한 부분은 (1)과 (4)다. 학술지별로 초록 분량에 관한 규정이 있다. 학술지에 따라서는 초록의 분량을 매우 짧게 규정하기도 한다. 그럴 때는 (1)과 (4)로만 초록을 써도 상관없다.

제목과 마찬가지로 초록을 쓰는 데도 일반적인 원칙 같은 것은 존재하지 않는다. 논문의 주제와 성격에 따라, 또 내가 논문을 제출하는 학술지의 규정과 관습에 따라 쓰는 것이 가장 중요하다. 그럼에도 고려할 점 몇 가지를 생각해 보도록 하자.

첫째, 초록의 기능은 논문의 핵심적인 내용을 효율적이면서도 효과적으로 전달하는 것이다. 여기서도 제목에서와 마찬가지로 '적당히'의 원칙이 적용된다. 가령 초록에서 논문의 연구 문제/가설을 모두 다 제시할 필요가 없다. 핵심적인 것들만 소개하면 된다. 주요 결과도 마찬가지다. 논문의 모든 결과를 다 제시할 필요가 없다. 주요 결과의 핵심적인 내용만 신문 기사의 헤드라인처럼 제시하면 된다. 사람들에게 논문에 담긴 핵심적인 내용들을 전달하면서도 초록을 읽은 후 거기서 논문 읽기를 멈추지 않고 계속 논문을 읽게 하는 초록이 좋은 초록이다.

둘째, 초록의 길이를 정할 때 가장 중요한 원칙은 학술지의 규정이다. 대부분의 학술지는 초록의 길이를 어느 정도까지 허용하는지에 대한 규정이 있다. 그런 경우엔 거기에 맞추면 된다. 앞에서 좋은 제목은 짧고, 핵심을 짚고, 흥미로운 것이어야 한다고 했던 것을 기억하는가? 초록은 제목처럼 흥미롭거나 매력적일 필요는 없다. 하지만 짧고, 핵심을 짚는 것이어야 한다. 극단적인 경우이지만 흥미로운 예를 하나 말해 보겠다. 베리, 브루너, 포페스쿠, 슈클라(Berry, Brunner, Popescu, & Shukla) 등의 2011년 논문의 초록은 단어 두 개짜리 초록이었다. 그 논문의 제목은 "분명히 빛보다 빠른 중성미자의 속도는 약한 양자 측정으로 설명 가능한가?"였다. 이 논문의 초록은 단 두 단어, "아마도 아니다 Probably not"였다(Pomeroy, 2014). 제목에서 제시한 질문에 대한 답을 재치있게 초록에 단 것이다. 단 두 단어짜리 초록을 갖는 논문이지만, 제목과 초록을 합쳐 놓으면 연구 목적, 가설, 주요 연구 결과가 모두 제시되었다.

셋째, 초록의 내용은 독립적이어야 한다. 독립적이야 한다는 말은 본문을 읽지 않고 초록만 읽어도 초록의 내용을 파악할 수 있어야 한다는 것이다. 초록이 독립적이기 위해서는 별도의 설명이 필요한 개념은 가능하면 쓰지 않거나, 풀어서 누구라도 이해할 수 있는 말로 전환해서 써야 한다. 같은 이유로 약자를 쓰는 것도 피해야 한다. 초록의 모든 내용은 초록 안에서 이해될 수 있어야 한다.

다섯째, 초록에서는 꼭 필요한 경우를 제외하고는 인용의 내용을 포함하지 않는다. 특정 논문이나 책을 초록에서 언급해야 하는 경우가 있기는 하다. 가령 내가 쓰는 논문이 어떤 선행 저서나 논문에 대한 후속 연구라든지, 그것에 대한 비평이어서 특정 책이나 논문이 지금 쓰는 논문과 특별한 관계가 있는 경우다. 이런 경우에는 인용의 내용을 포함할 수 있다. 그런 특별한 경우를 제외한 대부분의 경우는 인용 부호를 쓸 필요가 없다. 초록은 내 논문 '자체의 뉴스'만 전하면 된다. 그러므로 초록에서 다른 사람들의 글을 인용할 필요는 없다.

서론

논문에서 쓰기 가장 어려운 부분이 어디냐 물어보면 많은 사람이 서론이라고 답한다. 실제로 서론 쓰기는 어렵다. 좋은 서론을 쓰기는 더더욱 어렵다. 좋은 서론은 너무 심각해도 안 되고, 너무 경박해도 안 된다. 너무 길어도 안 되고, 너무 짧아도 안 된다. 너무 어려워도 안 되고, 너무 수준이 낮아도 안 된다. 잘 쓴 서론이 되려면 적당한 중용을 지켜야 한다. 제목과, 초록에 대해 설명하면서도 '적당히'라는 말을 썼는데, 여기서도 불친절한 요리책처럼 이 단어를 피할 수 없다. 서론에서도 적당한 중용이 필요하다.

사람마다 글 쓰는 방식이 다르긴 하지만, 많은 사람이 자신은 서론을 제일 마지막에 쓴다고 말한다. 물론 모든 사람이 그런 것은 아니다. 나는 대개 논문 쓰기를 시작하면서 서론을 제일 먼저, 많이 공들여 쓰는 편이다. 나중에 당연히 다시 손을 보긴 하지만 말이다. 튼튼한 서론이 있어야 본문의 논지를 명확하게 전개할 수 있다는 생각 때문이다. 서론을 제일 마지막에 쓴다는 사람들도 서론을 전혀 쓰지 않고 논문 쓰기를 시작하지는 않을 것이다. 대개 어느 정도 서론의 윤곽 정도라도 잡아 놓고 논문 쓰기를 시작할 것이다.

서론을 논문 작성 과정의 처음부터 제대로 쓰든, 논문 마무리 시점에 제대로 쓰든, 결국 서론이 완성되는 것은 논문의 마지막 시점이다. 이때 저자들은 나름의 연기를 해야 한다. 이미 결과와 결론을 다 알고 있으면서도 모르는 척하면서 미래 시점의 문장으로 조금만 더 읽으면 결과가 나온다는 광고를 해야 한다. 이미 자기는 결과를 다 알고 있으면서 말이다. 연구를 다 마쳤으면서도 새로운 연구를 막 시작하는 설렘과 두려움을 느끼는 것처럼 써야 한다. 데이터를 모으고 분석을 하는 것이 얼마나 어려울지 모르는 것처럼 써야 한다. 서론은 적당한 노출과 적당한 가림이 중용을 이루어야 한다.

사람들은 제각각 나름대로 서론 쓰는 방식을 갖고 있다. 그럼에도 학술 논문이라는 성격 때문에 누구나 고려해야 하는 몇 가지 일반 원칙들이 있기도 하다. 이에 대해 살펴보자.

서론에는 어떤 내용을 포함해야 할까? 대체로 다음 네 가지 요소를 포함해야 한다.

(1) 연구의 목적
(2) 연구의 배경
(3) 연구의 중심 질문
(4) 연구의 방법

가능하면 이 네 가지가 명확하게 드러나도록 서론을 구성해야 한다. 물론 위에서 내가 열거한 순서대로 배열할 필요는 없지만 말이다.

서론에서 논문 저자가 가장 신경을 써야 하는 것은 자기 연구의 목적을 분명하게, 명확하게, 명백하게 밝히는 것이다.

분명, 명확, 명백이 모두 같은 말이지만 앞 문장에서 이 단어를 다 썼다. 그만큼 연구 목적을 분명하게 밝히는 것이 중요하기 때문이다. 어떤 상황에서도 논문 저자가 서론에서 연구목적을 암시적으로만 전달하면 안 된다. 연구의 배경은 한마디로 이 연구가 왜, 어떻게 시작되었는지를 설명하는 것이다. 연구의 배경에 해당하는 부분을 읽으면서 독자는 이 논문의 저자가 왜 이 주제를 다루는지, 이 주제가 왜 저자에게 중요하고도 흥미로운 것인지 알게 될 것이다. 서론에서 저자는 자기 논문에서 다루는 핵심적인 질문이나 가설이 무엇인지도 밝혀야 한다. 물론 논문에 담긴 모든 연구 가설과 연구 문제를 서론에 담을 필요는 없다. 가장 핵심적인 연구 질문 혹은 가설을 소개하는 정도면 충분하다. 그러고 나서 저자는 서론에서 이 연구가 어떤 연구 방법을 통해 이 연구의 목적을 달성하려 하는지, 어떻게 핵심적인 질문에 답하고 가설을 검증하려는지도 간단하게 소개해야 한다. 물론 연구 방법의 구체적인 내용까지 여기서 언급할 필요는 없다. 이 연구가 어떤 방법을 썼는지 독자에게 알려 주는 정도면 충분하다.

지금까지 서론 구성의 일반적 원칙을 이야기했다. 서론 쓰기에서 고려해야 하는 중요한 점 몇 가지를 더 살펴보자.

첫째, 서론은 독자를 상대로 하는 대화여야 한다. 앞의 장들에서 강조해서 말했던 것처럼 논문은 저자가 가상 독자와 하는 대화다. 논문의 대화는 서론에서부터 본격적으로 시작한다. 논문의 다른 부분도 마찬가지이지만, 서론을 독백처럼 쓰면 안 된다. 앞서 말한 바처럼 저자는 이러한 대화를 시작하기 전에 독자를 구체적으로 상상해야 한다. 앞서 말한 것처럼 논문 앞부분에서는 독자를 가능하면 학부 2학년 정도로 상상하면 좋다. 서론에서도 마찬가지다. 학부 2학년이라면 내가 지금 이야기하려는 주제에 대해 제대로 들어 보거나 공부해 보지 않았을 가능성이 높다. 그런 사람들조차도 알아들을 수 있고 흥미를 가질 수 있게 서론을 써야 한다. 내가 개인적으로 알고 있는 학부 2학년인 '영호'와 '영희'가 지금 앞에 있다고 상상해 보라. 그들에게 직접 내 연구에 대해 이야기해 준다고 생각하면서 서론을 쓴다면 글의 생동감과 흥미가 더 커질 것이다.

둘째, 앞에서도 강조해서 말했던 것처럼 서론에서 가장 중요한 부분은 연구의 목적을 밝히는 것이다. 서론에서 다른 부분을 다 지우고 한 부분만을 남겨야 한다면 연구의 목적만 남을 것이다. 극단적으로 말하면 연구의 목적을 소개하는 하나의 문장으로도 서론이 될 수 있다. 연구의 목적이 중요하기 때문에 서론에서는 그것이 가장 부각되어야 한다.

어떻게 연구 목적을 독자의 눈에 잘 띄게 할까? 제일 좋은 방법은 다른 군더더기들은 뒤로 다 미루고, 서론을 아예 연구의 목적을 소개하는 것으로 시작하는 것이다. 즉 서론의 첫 문장을 "이 연구의 목적은 ……"으로 시작하는 것이다. 연구의 배경 등 나머지 부분은 연구의 목적을 서술한 뒤에 삽입하면 오히려 서론이 깔끔해진다. 연구 목적을 분명하게 드러나도록 하기 위해 저자는 연구 목적을 가릴 수 있는 것들은 과감히 치워 버려야 한다. 학생들이 써 오는 논문 초고의 서론을 읽어 보면 배경 설명이 너무 어지럽게 (또 대개는 너무 길게) 쓰여 있어서 정작 연구의 목적이 무엇인지 찾기 어려울 때가 많다. 연구의 목적을 가리는 불필요한 배경 설명은 과감히 잘라내야 한다. 대신 연구의 목적을 제일 눈에 잘 띄는 곳에 배치해야 한다. 서론의 제일 첫 부분에 연구 목적을 쓰는 것이 용이치 않다면 제일 마지막 문단에 배치하는 것도 좋은 방법이다. 마지막 문단에서 연구의 목적을 밝힐 경우는 특히 서론이 짧아야 한다. 가능하면 연구의 목적이 서론의 첫 페이지에서 등장할 정도로 서론을 짧게 쓰도록 해 보라.

셋째, 연구의 배경을 설득력 있게 제시해야 한다. 서론에서 연구의 목적과 더불어 중요한 것은 이 연구가 왜 필요한지, 왜 중요한지, 이 연구의 의의는 무엇인지 등에 대한 것이다. 다시 말해 독자가 왜 이 논문을 읽어야 하는지를 설득력 있게 설명해야 한다. 물론 연구의 배경이 연구의 목적을 가려서는 안 된다. 하지만 독자는 왜 이 연구가 시작되었는지, 왜 이 논문의 저자가 이 논문의 연구 목적을 갖게 되었는지에 대한 이야기도 듣고 싶어 한다. 그러한 궁금증을 풀어줄 정도의 내용을 체계적으로, 독자가 납득할 수 있게 제시해야 한다.

연구의 배경에는 어떤 내용을 담아야 할까? 대체적으로 연구의 동기(왜 이 연구를 시작하게 되었나?) 혹은 연구의 의의(이 연구는 왜 중요한가?)를 설명하는 내용이면 연구의 배경에 포함할 수 있다. 몇 가지 경우를 살펴보자.

우선 선행 연구들이 연구의 배경이 되는 경우다. 가령 몇 년 전 홍길동이란 사람이 발표한 논문이 내 연구의 배경이 될 수 있다. 홍길동의 논문이 연구 배경이 될 수 있는 이유는 다양하다. 가령 '홍길동의 논문이 새로운 이론을 처음 제시했고 그것을 내가 흥미롭게 생각했기 때문에 내가 나의 연구에서 그 이론을 다시 검증해 보는 것'이 연구의 배경이 될 수 있다. 혹은 '홍길동의 논문 내용에 이론적으로, 방법론적으로, 혹은 연구 결과에서 문제가 있어서 그에 대해 재검증을 하거나 대안을 제시하는 경우'에도 홍길동의 논문 자체가 연구의 배경이 될 것이다. 특정 선행 연구가 연구의 배경이 될 경우엔 서론에서 그 논문이 어떤 내용을 담고 있고, 그 논문의 어떤 점 때문에 내가 지금 후속 연구를 하는지에 대해 간략하게 설명해야 한다. 서론에서 홍길동의 논문에 대해 너무 자세하게 언급할 필요는 없다. 왜냐하면 서론 뒤에 나오는 '선행 연구에 대한 논의' 부분에서 조금 더 상세히 다룰 기회가 남아 있기 때문이다. 서론에서는 연구의 배경이 될 정도만 언급하면 된다.

특정 선행 연구가 내가 지금 진행하는 연구의 배경이 될 수 있다고 했지만, 그런 경우보다 더 일반적인 것은 특정 주제에 대한 선행 연구들의 연구 결과들 전체가 연구의 배경이 되는 경우다. 선행 연구들이 상당 기간 동안 진행되어 왔지만 여전히 풀리지 않는 문제가 있든지, 선행 연구들의 연구 방향에 어떤 수정이 필요하다든지, 선행 연구들 사이에 서로 대립되는 이론이나 연구 결과들이 있든지, 선행 연구들 사이에서 방법론상의 문제(가령 측정 도구의 문제라든지, 표집 방법의 문제라든지, 분석 방법의 문제라든지)가 있든지, 선행 연구들이 다루지 않은 대상이 있어서 그 대상에 대한 점검이 필요하다든지 하는 것들이 내 연구의 배경이 될 수 있다. 이런 경우 내 연구의 직접적인 동기를 만든 선행 연구들의 쟁점이 무엇인지 간략하게 설명하는 것이 연구 배경의 주요 내용이 될 것이다. 물론 이 경우에도 서론에서 너무 상세한 내용까지 다룰 필요는 없다. 자세한 내용은 서론 뒤의 선행 연구에 대한 논의에서 다룰 수 있기 때문이다.

어떤 경우에는 선행 연구가 아니라 특정한 상황적 요소가 연구의 배경이 된다. 상황적 요소에는 다양한 것들이 포함될 수 있다. 가령 한국의 자살률이 다른 나라들보다 높은 원인을 규명하는 연구라면 OECD 국가들 중에서 한국의 자살률이 제일 높은 편이라는 상황 자체가 연구의 배경이 될 것이다. 사람들이 넷플릭스를 사용하는 동기가 무엇인지를 규명하는 연구라면 넷플릭스 이용 정도가 어떻게 증가했는지 등이 연구의 배경이 될 것이다. 소셜 미디어가 촛불 집회 참여에 미치는 영향에 대한 연구라면 촛불 집회에 대한 설명과 더불어 촛불 집회에서 소셜 미디어가 사용된 예들을 연구의 배경으로 제시할 수 있을 것이다.

여기서 한 가지 명심할 것은 연구의 배경이란 그야말로 '연구'의 배경이지 '연구 대상'의 배경이 아니라는 점이다. 가령 넷플릭스 이용 동기가 무엇인지에 대한 내용을 다루는 논문에서는 연구의 배경으로 넷플릭스가 무엇인지, 넷플릭스의 역사는 어떻게 흘러왔는지, 넷플릭스의 비즈니스 모델이 무엇인지 같은 넷플릭스 자체에 대한 소개보다는, 왜 넷플릭스 이용 동기에 대한 연구가 필요한지에 대한 내용(가령 넷플릭스 이용이 증가하지만 이용 동기에 대한 연구가 아직 많이 이루어지지 않았다는 것)을 연구의 배경으로 담아야 한다. 이 둘 사이의 차이(넷플릭스를 소개하는 것과 넷플릭스 이용 동기 연구의 배경에 대해서 말하는 것 사이의 차이)가 아직 모호한 사람들은 다음 예를 잘 생각해 보라. 가령 흡연이 폐암에 미치는 영향에 대한 연구를 한다고 해 보자. 이 연구의 연구 배경은 흡연과 폐암 사이의 '관계'에 대한 연구가 왜 필요한지에 대한 것이 되어야 한다. 흡연과 폐암에 대한 연구를 한다고 해서 담배란 무엇인가, 폐암이란 무엇인가가 연구 배경의 주요 내용이 되어서는 안 될 것이다.

넷째, 분량을 고려해야 한다. 서론의 길이를 어느 정도 할지에 대한 것도 제목과 초록에 적용했던 원칙을 사용하면 된다. 즉 서론 역시 가능하면 짧을수록 좋다. 너무 긴 서론은 서론으로서의 기능을 하지 못할 수 있다. 제목이나 초록처럼 독자들로 하여금 본문을 읽도록 유도하는 것이 서론의 가장 중요한 목적임을 잊지 않아야 한다. 서론에서 김이 빠지거나 흥미를 잃으면 독자들은 논문 읽기를 멈출 것이다. 서론에서는 논문의 핵심적인 문제에 대해서만 소개하고, 독자들로 하여금 더 자세한 내용은 본문에서 찾아보고 싶다는 생각을 하게 해야 한다. 연구의 목적을 분명하게 전하면 되지, 연구 가설의 구체적인 내용까지 언급할 필요가 없다. 연구에서 어떤 방법을 썼는지만 대략 이야기하면 되지, 연구 방법의 구체적인 절차에 대해서까지 언급할 필요는 없다.

불필요하게 긴 서론이 갖는 가장 큰 문제는 연구 목적

이 잘 눈에 띄지 않을 수 있다는 것이다. 앞에서도 계속 강조했던 것처럼 독자가 서론에서 파악해야 하는 가장 중요한 내용은 연구의 목적이다. 서론 내용 중 조금 긴 논의가 필요한 부분은 본문으로 옮기는 것이 좋다.

어떤 과학적 원칙이 있는 것은 아니지만 대략 서론은 가능하면 두 페이지를 넘기지 않는 것이 좋다. 경우에 따라 이보다 더 길어질 수는 있겠지만, 두 페이지를 넘기지 않겠다는 생각으로 서론을 계획하는 것이 좋다. 사실 한 페이지, 혹은 한 문단으로도 충분히 훌륭한 서론을 쓸 수 있다. 앞에서 언급했던 그래노베터의 논문 "약한 유대의 힘"의 서론은 불과 한 문단에 지나지 않는다.

다섯째, 서론도 초록과 마찬가지로 독립성을 가져야 한다. 즉 서론만 읽어도 그 내용을 파악할 수 있어야 한다. 본문에 등장하는 용어를 서론에서 아무 설명 없이 그냥 써서는 안 된다. 특정 개념을 써야 한다면 가능하면 서론에서는 그것들을 일반적인(즉 누구나 이해할 수 있는) 말로 바꿔서 쓰는 것이 좋다. 굳이 특정 용어를 써야 할 필요가 있다면 간략하게라도 서론에서 그에 대한 개념 정의를 제공해야 한다. 물론 본문에서 그에 대해 더 상세하게 설명해야겠지만 말이다. 내 머릿속 독자와 대화하는 것처럼 서론을 써야 한다. 독자가 서론을 읽으면서 이해되지 않는 용어나 개념 때문에 서론의 내용을 어려워하거나, 그것을 이해하기 위해 본문 내용을 미리 참조해야 하는 상황을 만들지 말아야 한다. 서론을 쓸 때는 저자조차도 뒤에 나올 구체적인 내용을 다 모르는 것처럼 일종의 눈높이 연기를 해야 한다. 그렇게 할 수 있다면 더 생동감 넘치는 서론을 쓸 수 있다.

여섯째, 서론은 서론이지 결론이 아니라는 점을 명심해야 한다. 너무나 당연한 말이다. 그런데 학생들이 처음 써 오는 서론을 읽어 보면 이미 결론에서나 나올 내용을 서론에서 언급하는 경우를 생각보다 많이 본다. 결론에서 이야기할 내용을 서론에서 언급하는 것은 일종의 반칙이다. 서론이 '스포일러'를 흘리면 독자에 대한 예의가 아니다. 영화나 드라마만큼 논문에서도 '스포일러'는 치명적일 수 있다. 서론에서 저자는 영화의 프리뷰처럼 도저히 뒷부분을 읽지 않고는 배기지 못하게 해야 한다.

독자에게 말 걸기

학술 논문의 저자는 제목, 초록, 서론을 통해 독자에게 말을 건다. 말 걸기가 잘 이루어지기 위해서 어떤 점들을 고려해야 하는지를 이 장에서 살펴보았다. 제목, 초록, 서론, 이 세 부분 모두에 적용되는 공통적인 사항은 (1) 핵심을 찌를 것,

(2) 짧을 것, 그러나 (3) 충분히 흥미로워야 한다는 것이다. 저자가 제목, 초록, 서론을 통해 독자에게 말 걸기에 성공했다면 독자가 논문에 대한 흥미와 기대를 간직한 채로 페이지를 넘겨 논문의 본문으로 향할 것이다. 본문 첫 부분에서 논문 저자는 선행 연구를 논의하고, 연구 문제와 가설을 제시한다. 그것을 어떻게 잘할 것인가는 다음 장에서 '다리 놓기'라는 제목으로 설명한다.

> **"좋은 제목, 초록, 서론은 간결하게 핵심을 짚고,
> 독자로 하여금 본문을 읽게 하는 것이다."**

제목

● 논문 제목은 대개 (1) 눈길 끄는 문구, (2) 핵심 내용, (3) 맥락 정보로 구성된다.

● 논문 제목은 (1) 짧으면서도, (2) 핵심을 짚고, (3) 매력적이어야 한다.

● 논문 제목은 투고하려는 학술지의 지침에 따라 써야 한다.

● 논문 제목에 부제를 붙이는 것은 필수적인 것이 아니다.

● 논문 제목에 전문적인 용어나 약자는 쓰지 말라.

● 논문 제목에 OOO에 대한 연구 등과 같은 진부한 표현은 가급적 빼라.

● 논문의 가치를 떨어뜨릴 수 있는 탐색적 연구 등과 같은 표현도 지양하라.

초록

● 초록은 (1) 논문의 목적, (2) 논문의 주요 연구 문제와 가설, (3) 논문의 방법론 소개, (4) 논문의 주요 결과 등을 포함해야 한다.

- 초록은 논문의 핵심적인 내용을 효율적이면서도 효과적으로 전달해야 한다.
- 초록의 길이는 학술지의 규정을 준수하면서 짧고, 핵심을 짚는 것이어야 한다.
- 초록 안에 있는 내용은 초록 안에서 모두 이해되어야 한다.
- 초록에는 다른 문헌을 인용하는 내용을 포함하지 않는다.

서론

- 서론에는 (1) 연구의 목적, (2) 연구의 배경, (3) 연구의 핵심 질문, (4) 연구 방법 소개 등의 내용이 들어가야 한다.
- 서론은 독자를 상대로 대화를 시작하는 곳이다.
- 서론의 가장 중요한 목적은 연구의 목적을 명확히 독자에게 전달하는 것이다.
- 연구의 배경은 연구 대상의 배경이 아니라 연구의 배경에 해당하는 내용을 담아야 한다.
- 서론은 가능하면 짧은 것이 좋다.
- 서론의 내용은 서론 안에서 모두 이해되어야 한다.
- 서론에 결론의 내용을 포함하는 것은 반칙이다.

다리 놓기

문헌 고찰과 연구 문제

5

앞 장에서 이야기한 내용을 바탕으로 서론을 썼다면 이제 독자는 연구의 목적이 무엇인지, 어떤 점에서 가치가 있는 논문인지, 논문에서 제기하는 가장 핵심적인 질문은 무엇인지 등에 대해 파악했을 것이다. 그렇다면 이제 그 독자에게 무엇을 이야기해 줘야 할까? 연구가 제기하는 주요 연구 질문들의 이론적 근거가 무엇인지에 대해 설명해야 한다. 그것을 어떤 사람들은 '선행 연구에 대한 논의,' 어떤 사람들은 '문헌 고찰,' 또 어떤 사람들은 '이론에 대한 논의'라고 부른다. 이름을 어떻게 붙이든 이 부분에서 논문의 저자는 연구 질문의 '출생의 비밀'을 자세히 설명해야 한다.

대부분의 논문 작성법은 서론 뒤에 문헌 고찰이나 선행 연구에 대한 논의가 나와야 한다고 설명한다. 그런데 사실 '문헌 고찰'이니, '선행 연구에 대한 논의'니 하는 제목들 자체가 이 부분에서 무엇을 써야 할지 헷갈리게 만드는 면이 있다. 왜냐하면 문헌 고찰의 목적이 문헌 고찰이 아니고, 선행 연구에 대한 논의의 목적이 선행 연구에 대한 논의가 아니기 때문이다. 이게 도대체 무슨 말일까?

이에 대답하기 위해서는 학술 논문을 작성하면서 문헌 고찰, 선행 연구에 대한 논의, 관련 이론 논의 등을 하는 가장 중요한 이유가 무엇인지 이해해야 한다. 문헌 고찰을 하는 가장 중요한 이유는 논문의 연구 질문이 어디서, 어떻게 도출되었는지, 그것의 근거와 정당성은 무엇인지를 설명해야 하기 때문이다. 다른 사람들의 연구를 소개하는 것 자체가 문헌 고찰 혹은 선행 연구에 대한 논의를 하는 주된 이유가 아닌 것이다. 문헌 고찰 부분에서 저자는 다른 사람들의 이야기가 아니라 저자 자신의 이야기를 해야 한다. 왜냐하면 지금 쓰는 논문은 다른 누군가의 논문이 아니라 저자 자신의 논문이기 때문이다. 만일 내가 소개팅에 나간다면 그 자리의 주인공은 나이지 주선자가 아니다. 문헌 고찰 부분의 주인공도 논문 저자인 나이지 내 연구를 위해 일종의 주선자 역할을 하는 선행 연구의 저자들이 아니다. 문헌 고찰이나 선행 연구에 대한 논의 부분의 스포트라이트 조명은 다른 사람들의 연구가 아니라 저자인 나의 연구 질문을 비춰야 한다. 다른 사람들이 쓴 문헌에서 찾은 질문이나 선행 연구 내용에 스포트라이트 조명이 가 있다면 저자로서 나는 엉뚱한 부조리극 한가운데 있는 것이다.

앞 장들, 특히 3장에서, 논문에도 서사가 있어야 하고 이야기의 흐름이 있어야 한다고 말했다. 가령 서론에서부터 문헌 고찰 부분까지 가는 논문의 흐름은 이런 식이 되어야 한다. "(서론) 내 논문의 목적은 A이고, 핵심 연구 문제는 B입니다. (문헌 검토) 이 연구 문제는 하늘에서 뚝 떨어진 것이 아니라 다른 선행 연구들이 해 온 연구에서 출발한 것입니다. 선행 연구와의 관계 속에서 내 연구에서는 C라는 연구 가설을 제시합니다." 즉 문헌 고찰 부분에서 저자가 이야기해야 하는 것의 골자는 연구 가설 C가 품는 태생의 비밀을 선행 연구를 토대로 밝히는 것이다.

　문헌 고찰 혹은 선행 연구에 대한 논의 부분의 최종 목적은 선행 연구를 소개하는 것 자체가 아니라 내 논문의 연구 문제와 가설을 소개하는 것이라는 점을 앞에서 강조했다. 논문을 쓰는 사람들 중에 이것을 잘 이해하지 못하는 이들이 많다. 하지만 좋은 논문을 쓰려면 이것을 꼭 잘 이해해야 한다. 나는 학생들에게 아예 "문헌 고찰," "선행 연구에 대한 논의," "이론적 논의" 등의 소제목을 논문에서 쓰지 말라고 말한다. 대신 연구 문제나 가설의 내용을 직접적으로 반영하는 별도의 소제목을 붙이라고 말한다. 소제목이 하나일 필요도 없다. 선행 연구에 대한 논의에 해당하는 부분을 여러 개의 절로 나누고 각각에 대한 소제목을 붙여도 된다.

　문헌 고찰의 내용과 연구 문제를 제시하는 부분에서 염

두에 두어야 할 구체적인 사항들을 살펴보도록 하자.

계속해서 가상 독자를 상정하라

선행 연구에 대한 논의와 연구 문제를 제시하는 부분도 구체적인 독자를 염두에 두고 말하는 방식이 되어야 한다. 앞 장에서 서론을 어떻게 쓸지에 대해 설명하면서 대학 2학년 정도의 수준으로 독자를 상정하고 쓰라고 말했다. (영호와 영희를 기억하는가?) 그 상상의 독자를 (어디 가지 못하게 붙잡아 두고) 계속 문헌 고찰 부분까지 데리고 와야 한다. 그가 논문을 계속 읽기로 결심했다면 말이다. 자, 이제 저자인 내가 할 일은 그 가상 독자에게 이 연구에서 제기하는 연구 문제와 가설이 어떤 학술적 배경을 갖는지 차근차근 설명하는 것이다.

문헌 검토와 연구 문제 제시 부분의 구성

독자가 내 이야기를 계속 듣게 하는 데 성공했다면 이제는 냉철한 자세로 독자가 내 논리를 받아들이도록 나의 연구 질문에 대해 설명하는 데 집중해야 한다. 이때 매우 치열한 논리적 대화를 벌여야 한다. 그렇다면 어떤 내용을 어떤 순서로 말해야 할까? 문헌 고찰과 연구 문제 부분은 대체로 다음 세 가지 내용을 포함해야 한다.

(1) 이 논문의 질문이 근거로 삼는 이론적 토대

(2) 이 논문의 연구 질문에 대한 선행 연구들의 결과

(3) 연구 문제 혹은 가설

여기서 1번과 2번은 뒤로 미루고, 먼저 세 번째 부분, 즉 연구 문제와 가설이 무엇인지에 대해서부터 이야기해 보자. 연구 문제research question와 가설hypothesis은 내가 내 연구를 통해서 답을 찾거나(연구 문제의 경우), 검증(가설의 경우)하려는 것이다. 논문에서 가장 중요한 것이고 바로 문헌 고찰을 하는 이유다. 연구 문제와 가설은 하늘에서 뚝 떨어지는 것이 아니라, 앞에서 제시한 세 요소 중 앞의 두 요소(이론적 틀과 선행 연구 결과)를 통해서 도출되는 것이다. 저자가 문헌 고찰 부분에서 해야 하는 것은 어떻게 1, 2의 요소를 바탕으로 연구 문제 혹은 가설을 도출했는지 논리적으로 설명하는 것이다. 이것이 문헌 고찰이라 불리는 부분에서 내가 수행해야 하는 가장 중요한 미션이다.

자신에게 주어진 미션을 수행하기 위해 100층짜리 건물의 창문을 부수고 뛰어내리거나, 오토바이 묘기를 부리며 도시를 누비는 〈미션 임파서블Mission: Impossible〉의 톰 크루즈처

럼, 저자도 선행 연구들에 대한 검토 부분에서 주어진 어려운 미션(연구 문제와 가설의 근거 제시)을 완수할 준비가 되어 있어야 한다. 그런데 건물에서 뛰어내리기 전에 한 가지 꼭 먼저 이해해야 하는 중요한 것이 있다. 연구 문제와 가설이 어떻게 다른가에 대한 것이다. 내가 쓰고 있는 논문의 대상이 되는 현상에 대해 이런저런 논의는 많이 되었지만, 그 현상을 설명하는 이론적 틀은 아직 무르익지 않은 상태에 있다고 해보자. 그럴 경우 연구자들은 연구 문제를 세운다. 연구 문제는 의문문의 형태를 띤다. 그래서 늘 의문 부호로 끝난다. 연구 문제를 갖는 연구들의 목적은 연구 문제에 대한 답을 찾는 것이다. 질문을 던졌으니 답을 찾는 것은 당연한 것이다.

연구 문제와 달리 가설은 진술문의 형태를 띤다. 가설은 반드시 마침표로 끝나야 한다. 가설은 선행 연구 결과를 바탕으로 하기보다는 이론적 틀을 근거로 해서 수립하는 경우가 많다. 하지만 충분히 어떤 예측을 할 수 있을 만큼 선행 연구들의 결과가 축적되었다면 선행 연구 결과들을 토대로 가설을 수립할 수도 있다. 이런 경우에는 가설 수립을 위한 논리적인 근거를 더욱 튼튼히 제시해야 한다. 튼튼한 논리적 근거를 갖고, 선행 연구 결과의 지지를 받아 만들어진 가설은 검증 결과에 따라 새로운 이론 수립으로 이어질 수 있다.

이론적 근거, 선행 연구의 결과들이 어떻게 결합해서 연구 문제나 가설에 대한 논리적 근거를 제시할지는 2장에서 설명했던 연구 질문의 유형에 따라 조금씩 다르다. 2장의 내용을 다시 상기해 보자. 논문에서 다루는 질문을 (1) 기존 이론(혹은 선행 연구들)에서 제기했던 질문을 다시 확인하는 질문, (2) 선행 연구들끼리 싸우는 논쟁들(즉 서로 충돌하는 선행 연구 결과들)을 말리는 질문, (3) 선행 연구들이 제기했던 질문에 대해 대안을 제시하는 질문, 이렇게 세 가지로 나눠서 2장에서 설명했다. 질문의 유형에 따라 이론적 근거와 선행 연구의 결과들을 연구 질문(혹은 연구 가설)에 어떻게 연결시킬지가 조금씩 달라진다. 그것들을 하나씩 따로따로 살펴보자.

선행 연구에서 제기했던 질문을 다시 확인하는 경우

먼저 첫 번째의 경우, 즉 기존 이론에서 제기한 질문을 다시 확인하는 질문의 경우에는 (1) 그 이론이 무엇이고, (2) 그 이론을 토대로 내 연구 목적과 관련한 이슈에 대해 어떤 예측을 할 수 있고, (3) 내가 제기하는 질문에 대해 다른 선행 연구들은 어떤 연구 결과들을 제시하는지 등을 소개해야 한다. 이런 내용을 바탕으로 나의 연구 질문을 연구 문제나 가설의 형태로 소개하는 것이다. 즉 이런 식의 이야기 흐름을 보여야 한다.

(1)

이론 A는 y를 예측한다.

선행 연구들을 살펴보면 이론 A가 예측한 대로 y가 나타난다.

나도 이 연구에서 이론 A를 바탕으로 y를 예측한다.

그래서 이 연구의 연구 문제 혹은 가설은 y다.

어떤 사람들은 위의 예처럼 이미 다른 연구들에서 나온 결과를 반복하는 연구를 할 필요가 있을까 물을 수 있다. 학문 연구에서 반복적 검증은 의외로 중요하다. 구성된 지 얼마되지 않은 이론의 경우는 다양한 상황에 적용 가능한지를 반복적으로 복수의 다른 연구에서 검증할 필요가 있다. 연구 방법론 교과서에서는 이것을 외적 타당도의 문제로 설명한다. 반복 연구 자체가 이론의 외적 타당성을 높여주는 학문적 기여를 하는 것이다. 만들어진 지 오래된 이론의 경우는 시간적, 공간적 상황이 변화해도 그 이론이 계속해서 타당한 예측을 하는지 검토할 필요가 있다(역시 외적 타당도와 연관된 이슈다). 어떤 경우에는 다음과 같이 약간의 변형이 필요한 경우도 있다.

(1-1)

이론 A는 y를 예측한다.

선행 연구들을 살펴보면 이론 A가 예측한 대로 y의 결과도 나타나지만, y'의 결과도 나타난다.

y와 y' 결과를 모두 예측할 수 있기 위해 A를 A'로 변형할 필요가 있다.

나는 이 연구에서 수정 이론 A'를 바탕으로 y'를 예측한다.

그래서 이 연구의 연구 문제 혹은 가설은 y'다.

위의 경우 저자는 다음과 같은 논리적 흐름을 통과하는 것이다. "이론 A의 틀을 사용하면 y가 예측되어야 한다, 그런데 선행 연구들을 보면 y가 아니라 y'와 같이 다소 다른 결과가 도출되는 경우가 있다, 그렇다면 A의 일부를 변형할 필요가 있다, 그래서 내 논문에서는 A를 수정한 A'를 제시한다, 그리고 A'를 토대로 y'가 예측되는지를 검증하겠다." 만약에 이런 논리가 충실하게 구축되었고, 각 단계의 주장이 충분한 근거를 보이며, 또 실제 이 대안을 데이터를 통해 검증할 수 있다면, 이 연구는 매우 독창적이면서도 의미 있는 연구 결과를 제시할 가능성이 크다고 할 수 있다.

기존 질문에 대해 대안을 제시하는 경우

두 번째는 기존 선행 이론에 대해 대안을 제시하는 질문을 가진 논문에서 문헌 검토와 연구 문제를 서술하는 방식이다. 이 경우는 문헌 검토와 연구 문제를 다음과 같은 형식으로 구성한다.

(2)

이론 A는 y를 예측한다.

선행 연구들을 살펴보면 y가 아닌 x가 나타나는 것들이 있다.

A에 대한 대안 이론 B를 바탕으로 x를 예측해 본다.

그래서 이 연구의 연구 문제 혹은 가설은 x다.

이 경우는 앞의 (1-1)과 비슷한 방식의 흐름으로 문헌 고찰과 연구 문제를 제시했다. 차이는 (1-1)에서는 기존 이론을 부분적으로 수정하는 것인데 반해 (2)의 경우는 A와는 완전히 다른 대안적 이론(B)을 제시했다는 점이다.

선행 연구들 사이에서 싸우는 논쟁을 말리는 경우

질문의 세 번째 유형은 싸우는 논쟁을 말리는 질문이다. 내가 다루는 주제에 대해 서로 대립되는 결과들이 존재하는 경우, 내 연구의 목적을 그러한 대립을 화해시킬 대안을 찾는 것으로 규정하고 그렇게 선행 연구에 대한 논의 부분을 서술하는 것이다. 이 경우엔 앞의 경우들과는 다른 흐름으로 논리를 전개해야 한다. 가령 다음과 같은 형태다.

(3)

선행 연구들을 살펴보면 x와 y가 서로 대립한다.

이론 C는 x와 y가 대립하는 이유를 설명하기 위해 z를 제시한다.

이 연구는 이론 C가 제시하는 z가 맞는지 검증한다.

그래서 이 연구의 연구 문제 혹은 가설은 z다.

여기서 x, y, z는 모두 연구 문제 혹은 가설들이다. 앞의 질문 유형들(1과 2)에서는 이론으로부터 출발해서 선행 연구 결과로 나갔는데, 이 경우에는 선행 연구 결과(서로 대립되는 결과)들로부터 시작한다. 그 선행 연구들이 동일한 이론을 바탕으로 하지 않을 수도 있다. 어떤 이론적 틀을 바탕으로 했든 이들 선행 연구들은 서로 대립하는 연구 결과들을 제시하면서 하나의 답을 보여 주지 못하고 있다. 방법론적 문제 등이 없다면 이렇게 대립된 결과가 나오는 이유는 선행 연구들이 토대로 삼는 이론들에 있을 가능성이 크다. 그래서 내 연구는 이들 대립하는 결과들을 화해시키는 제3의 이론을 제시하고, 그 이론의 틀 속에서 선행 연구들을 통합시키는 것이 될 수 있다. 내가 제시하는 이론(C)은 이미 있는 이론일 수도 있고, 이미 있는 이론을 수정한 것일 수도 있고, 혹은 선행 연구들을 화해시킬 목적으로 충분한 근거를 바탕으로 내가 새로 개발한 것일 수도 있다. 그리고 대립하는 선행 연구들을 화해시키는 방식은 대립하는 결과들 중 하나의 손을 들어주는 방식도 있지만, 선행 연구들에서 서로 다른 결과들이 나올 수밖에 없는 조건을 제시하는 것이 될 수도 있다.

지금까지 선행 연구에 대한 논의를 통해 어떤 서사의 흐름을 만들어 낼 수 있는지 살펴보았다. 이제 선행 연구에 대한 논의를 쓸 때 고려해야 할 중요한 사항을 몇 가지 더 이야기해 보자.

관계의 문제

3장에서 본 바와 같이 연구를 한다는 것은 결국 두 개 이상의 현상들 사이의 관계relation를 규명하는 것이다. 선행 연구에 대한 논의를 하고 연구 문제와 가설을 도출하는 부분을 쓸 때도 이 점을 잊지 말아야 한다. 예를 들어 사회적 자본과 우울증 간의 관계를 다루는 논문을 쓴다고 하자. 그동안 내가 논문 심사했던 경험을 토대로 말하자면 많은 사람들이 선행 연구에 대한 논의 부분에서 사회적 자본 개념에 대한 모든 것(가령 그 개념의 역사, 유형, 관련 연구들) 그리고 우울증에 대한 모든 것을 다 쓰려 할 것이다. 그런데 잊지 말아야 할 것이 있다. 사회적 자본과 우울증 간의 관계에 대한 논문을 쓴다면, 그 논문은 사회적 자본에 대한 논문도 아니고, 우울증에 대한 논문도 아니다. 사실은 둘 사이의 '관계'에 대한 논문이라는 것이다. 선행 연구에 대한 논의는 바로 그 둘 사이의 관계에 대해서 기존 이론(들)은 어떻게 설명하는지, 선행 연구들의 결과는 어떤지 등을 비판적으로 정리하는 것이어야 한다. 그러므로 우울증에 대한 선행 연구, 사회 자본에 대한 선행 연구를 소개하는 것이 아니라, 둘 사이의 관계에 대한 선행 연구의 결과를 정리하고 논의해야 하는 것이다.

화자의 문제

선행 연구에 대한 논의 부분과 관련해서 언급해야 하는 또하나의 중요한 문제가 있다. 화자, 즉 말하는 자에 대한 문제다. 논문을 쓰는 학생들은 대개 문헌 검토 혹은 선행 연구에 대한 논의 부분 쓰기를 어려워한다. 아마도 그 이유 때문에 논문 표절 시비가 있다 하면 대개 선행 연구에 대한 검토 부분이 문제가 되는 경우가 많다. 그런 사람들에게 앞에서 설명한 선행 연구에 대한 논의의 이야기를 끌어나가는 방식들에 대한 내용이 도움이 되기를 바란다. 저자가 제일 먼저 염두에 둬야 하는 것은 문헌 검토 역시 독자를 상대로 하는 대화라는 점이다. 이 점을 머릿속에 꼭 넣어 두고 문헌 고찰과 연구 문제 제시 부분을 쓰기 바란다. 문헌 고찰 부분에서 **저자**는 독자를 상대로 이야기를 한다. 바로 앞의 문장에서 제일 중요한 것은 저자라는 주어다. 문헌 고찰과 선행 연구에 대한 논의에서 화자는 저자 자신이어야 한다.

화자의 문제가 왜 중요할까? 학생들이 가져오는 논문 초고에서 문헌 고찰 혹은 선행 연구에 대한 논의 부분에 해당하는 부분을 읽어 보면 화자가 저자가 아닌 경우가 많다. 저자 자신이 아니라, 고찰의 대상이 되는 선행 논문을 쓴 사람들이 모여서 와자지껄 떠드는 모습을 보는 경우가 더 많다. 시장 바닥같이 너무 시끄러워서 손으로 귀를 막아야 할 정도인 경우도 있다. 자기 논문에서 다른 사람이 떠들게 만들지 말라. 논문 전체에서 화자는 저자 혼자여야 한다. 다른 사람들의 이야기를 내 목소리로, 내 말로, 내 억양으로 번역해서 내 독자에게 전달해야 한다.

학생들이 들고 오는 논문을 보면 많은 경우 문헌 고찰 부분에서 자기 목소리는 하나도 없고 대신 누구는 무슨 말을 했고, 또 누구는 무슨 말을 했고와 같이, 저자 외의 사람들이 와자지껄 떠들면서 발언하는 모습을 본다. 저자 자신의 모습은 찾을 수 없고, 저자의 목소리는 들을 수 없다. 문헌 검토 부분이 그렇게 쓰여서는 안 된다. 다시 말하지만 화자는 저자 혼자여야 한다. 선행 연구들은 화자인 내가 이야기할 재료를 제공할 뿐이다.

문헌 검토는 교과서가 아니다

논문 심사를 할 때 교수들이 학생들에게 가장 많이 하는 말 가운데 하나가 문헌 검토 부분을 교과서 내용같이 쓰지 말라는 것이다. 그럼에도 여전히 학생들이 가져오는 논문 초고를 보면 이론 교과서를 그대로 옮겨 놓은 듯한 글들을 발견하곤 한다. 앞에서 문헌 고찰과 연구 문제 제시 부분에서 어떤 내용을 담아야 하는지 잘 숙지했다면 내가 무슨 말을 하려는지 이미 잘 알 것이다. "문헌 고찰과 연구 문제 제시 구성"에서 제시한 네 가지 다른 시나리오는 모두 이론을 언급한다. 그렇다고 그 이론의 모든 것을 논문에 담을 필요는 없다. 가령 내가 다루는 이론의 배경, 전제, 가정, 명제 등 그 이론의 모든 것을 다 설명할 필요가 없다는 것이다. 학부 2학년 정도 되는 독자가 알아들을 수 있는 만큼 그 이론의 기본적인 내용을 한 문단 정도 요약하는 소개면 충분하다. 더 중요한 것은 그 이론의 주장 (혹은 이론적 명제) 중에서 내 연구와 직접 관련 있는 부분을 상술하는 것이다.

표절

논문 내용 중 표절 문제가 가장 빈번하게 제기되는 부분이 바로 문헌 고찰이다. 그래서 여기서 잠깐 표절 문제를 생각해 보고 넘어가도록 하자. 2018년 7월에 개정된 대한민국 교육부의 〈연구윤리 확보를 위한 지침〉(교육부훈령 제263호)은 표절을 "일반적 지식이 아닌 타인의 독창적인 아이디어 또는 창작물을 적절한 출처 표시 없이 활용함으로써, 제3자에게 자신의 창작물인 것처럼 인식하게 하는 행위"라고 규정한다. 그리고 거기에 해당하는 세부적인 경우들을 열거했는데 가령 이런 것들이다.

(1) 타인의 연구 내용 전부 또는 일부를 출처를 표시하지 않고 그대로 활용하는 경우

(2) 타인의 저작물의 단어·문장 구조를 일부 변형하여 사용하면서 출처 표시를 하지 않는 경우

(3) 타인의 독창적인 생각 등을 활용하면서 출처를 표시하지 않은 경우

(4) 타인의 저작물을 번역하여 활용하면서 출처를 표시하지 않은 경우

교육부의 지침이 말하는 표절에 대한 한 가지 원칙은 이 것이다. 다른 사람의 '생각'이나 '말'을 언급했다면 반드시 명확한 출처를 밝혀야 한다는 것이다. 물론 다른 사람들이 언급했다 하더라도 일반적으로 통용되는 상식이나 객관적인 사실에 해당하는 것까지 출처를 밝힐 필요는 없을 것이다. 가령 "덴마크의 수도는 코펜하겐이다"라는 것은 웬만한 사람은 아는 상식이고 의견에 따라 왔다 갔다 하지 않는 객관적 사실에 해당하므로 별다른 출처를 달 필요가 없다. 하지만 어떤 사람이 "코펜하겐에 가면 꼭 가보아야 할 관광지 10곳"을 언급한 것이라든지, "코펜하겐이 매력적인 이유"를 설명한 내용을 내 글에서 이용한다면 그 출처를 꼭 밝혀야 할 것이다. 그것들은 세상에 통용되는 상식이나 객관적 사실이 아니라 특정인의 주관적 생각, 평가, 판단이기 때문이다.

문헌 고찰을 하거나 선행 연구에 대한 논의를 하면서, 혹은 관련 이론에 대한 소개를 하면서 표절의 늪을 헤쳐나갈 방법은 사실 이 장의 앞 부분에서 이미 언급했다. 문헌 고찰, 선행 연구에 대한 논의, 관련 이론에 대한 논의를 처음부터 저자 자신의 목소리로 풀어낸다고 생각하고 쓰라는 것이다. 문헌 고찰 부분의 전체 얼개와 줄거리는 오롯이 자신의 말로만 써야 한다. 논문을 준비하면서 논문과 책을 많이 읽었더라도 문헌 고찰 부분의 얼개와 줄거리를 쓸 때는 그것을 모두 잠시 옆에 치워 놓아야 한다. 문헌 고찰을 쓰면서 인용이 필요한 부분은 나중에 출처를 삽입하겠다는 표시만 해 놓는다. 그리고 전체 얼개와 줄거리 작성이 끝나고 나서 표시한 곳에 출처를 찾아 삽입해 주면 된다. 문헌 고찰 부분도 처음부터 끝까지 저자의 목소리로 끌고 가고, 다른 사람들의 말(즉 출처 인용이 필요한 말)도 저자의 목소리를 통해서만 들려지도록 해야 한다. 다른 사람들의 이야기가 직접 독자에게 들려지지 않게 하라는 것이다. 직접 인용의 부분이라도 저자의 철저한 통제 상태에서 전달되어야 한다.

이른바 '짜깁기'는 이와 반대 방향으로 글을 쓰는 것이다. 남의 논문과 책을 책상에 쌓아 두고, 관련된 문장과, 문단을 뽑아 내 논문에 쏟아 놓고, 그럴듯하게 엮는 것이 짜깁기 방식의 논문 쓰기다. 이것은 흡사 다른 사람들이 내 집에 쳐들어와서 주인은 신경도 쓰지 않고 자기들끼리 왁자지껄 떠들게 놔두는 것이다. 내가 주도해서 내 목소리로 글을 쓰는 게 아니라 선행 연구의 글들이 자기들끼리 시끄럽게 떠드는 방식으로 글을 쓰다가는 거의 반드시 표절 의혹을 받게 된다. 다시 강조하지만 내 논문에서 화자는 저자인 나 혼자이어야 한다. 이 점을 명심하고 글을 쓰는 것이 표절 시비를 막는 가장 확실한 방법이다.

몇 가지 더 남은 이야기

이 장을 마치면서 문헌 고찰을 쓸 때 고려할 점 몇 가지를 더 살펴보자. 잔소리가 좀 길어진 것 같지만, 그래도 빠뜨릴 수 없는 것들이다.

문헌 고찰 부분에서 화자를 저자 자신으로 충실하게 끌고 가는 방법 중 하나는 문헌 검토와 연구 문제 제시 부분의 초벌 글을 쓸 때는 인용 없이 내 말로만 써 보는 것이다. 물론 이 작업을 하기 전에 충분히 선행 연구에 대한 검토를 끝내 놓은 상태여야 할 것이다. 선행 연구에 대한 검토를 끝내고 나면, 살펴본 문헌들을 옆으로 치워 놓고, 백지상태에서 내 말로 문헌 검토 부분을 써 내려가는 것이다. 쓰면서 인용이 필요한 부분들은 인용이 필요하다는 표시만 해 놓고, 내 목소리로, 내 속도로, 내 흐름대로, 내 걸음걸이 모양대로 쓰는 것이다. 이 작업이 끝나고 나면 다시 문헌들을 가지고 와서 필요한 부분에 인용 부호를 달아 주면 된다. 이런 방식으로 글을 쓰면 처음부터 끝까지 내 목소리로 끌고 가는, 독자들이 내 목소리만 듣는, 화자가 저자인 나라는 사실이 전혀 흔들리지 않는 논문을 쓸 수 있게 된다.

문헌 고찰의 분량은 어느 정도 되어야 할까? 간단한 대답은 길 필요가 없다는 것이다. 논문의 성격에 따라서 긴 논의가 필요할 때도 있다. 가령 새로운 연구 모델이나 이론을 수립하는 경우가 그렇다. 그러나 기존 이론을 다시 재검증하는 성격의 논문이라면 한두 페이지로도 충분한 경우가 있다.

선행 연구들을 얼마만큼 인용해야 하나? 가능하면 주요 연구들은 빠뜨리지 않고 인용하는 것이 좋다. 그 연구들의 내용을 일일이 다 설명할 필요는 없지만 말이다. 특히 투고하려는 학술지에서 논문 주제와 비슷한 주제를 다룬 저자들의 논문을 빠뜨리지 않고 인용하는 것이 좋다. 논문을 학술지에 투고했을 때 심사할 사람들이 바로 그들일 가능성이 크기 때문이다. 그들은 논문을 받아 보면 거의 본능적으로 참고 문헌 목록을 살펴볼 것이다. 물론 자기 논문이 인용되었는지를 확인하기 위해서다.

자기 목소리로 자신의 이야기를 하라

선행 연구에 대한 논의에서 논문의 저자는 선행 연구 저자들 앞에 서서 이야기한다. 그러나 주된 청자는 여전히 대학교 2학년 수준의 독자다. 그를 향한 대화는 계속된다. 내가 독자에게 말해야 하는 것은 차이와 관계로 표현되는 내 연구 문제와 가설이 어떤 이론에서 나온 것인지, 어떤 선행 연구들의 결과를 토대로 해서 나온 것인지에 대한 것이다. 즉

"선행 연구에 대한 논의" 부분에는 내 연구 문제와 가설이 어떻게 도출된 것인지 그 출생의 비밀을 밝혀내는 튼튼한 서사가 들어 있어야 한다. 선행 연구들 자체는 내 이야기의 재료들일 뿐이다. "선행 연구에 대한 논의"에서 저자가 논의 해야 하는 것은 선행 연구 자체에 대한 것이라기보다는 선 행 연구들로부터 얻은 내 질문에 대한 것이다. 내 이야기를 해야 한다. 그리고 중요한 것은 '나만' 이야기한다는 것이다. 선행 연구에 대한 논의이지만 처음부터 끝까지 화자는 저자 인 바로 '나'여야 한다. 나만이어야 한다. 선행 연구의 저자 들을 포함해서 다른 사람들이 내 논문에서 떠들게 하지 말 라. 선행 연구에 대한 논의를 하고, 그것을 바탕으로 연구 문제 혹은 가설을 제시했다면, 이제는 어떻게 연구 문제에 대한 답을 찾고, 어떻게 가설을 검증할지에 대해 독자에게 이야기해야 한다. 6장에서는 그 이야기를 해 보자.

- 문헌 고찰 혹은 선행 연구에 대한 논의 부분의 목적은 내 연구 문제와 가설의 근거를 소개하는 것이지, 문헌 고찰과 선행 연구 논의 그 자체가 아니다.

- 문헌 고찰과 선행 연구에 대한 논의 부분도 잠재적 독자를 상정하고 써야 한다.

- 문헌 고찰 부분에는 (1) 내 연구의 이론적 토대, (2) 내 논문이 다루는 연구 질문에 대한 선행 연구들의 결과, (3) 내 연구의 연구 문제와 가설 등이 들어가야 한다.

- 문헌 고찰과 선행 연구에 대한 논의 부분에서 유일한 화자는 논문을 쓰는 저자 자신이어야 한다. 선행 연구를 수행한 다른 연구자들이 왁자지껄 떠드는 곳이 되게 해서는 안 된다. 문헌 고찰 부분에서는 저자 한 사람의 목소리만 들려야 한다.

- 문헌 고찰 부분은 내 연구 문제와 가설의 근거가 되는 것을 정리하는 것이지 관련 주제나 이론의 교과서 내용이 되어서는 안 된다.

공적인 글쓰기

연구 방법과 결과

6

내가 쓴 서론과 선행 연구에 대한 논의, 그리고 그러한 논의를 바탕으로 한 내 연구의 연구 문제와 가설을 읽은 독자는 이제 내 연구가 무엇에 대한 것인지 대략 알게 되었다. 이제 어떻게 실제로 연구를 진행했는지, 그리고 어떤 결과를 얻었는지에 대해 독자에게 보고해야 한다. 연구 방법을 쓰는 부분에 와 있다면, 이런 식으로 생각하면 된다.

"이제 앞에서는 몸을 풀었고, 사실상 여기서부터가 논문의 시작이다."

서론, 문헌 고찰, 연구 문제와 가설 제시 부분 등은 실제 연구를 진행하지 않고도 쓸 수 있는 내용이다. 하지만 연구 방법과 연구의 결과는 연구를 실제 진행하지 않고서는 쓸 수 없다. 그렇기 때문에 이 두 부분이 논문의 가장 핵심적인 곳이라고 해도 과언이 아니다. 논문의 모든 부분이 다 중요하겠지만 말이다. 연구 방법과 연구 결과는 논문에서 가장 기술적technical인 부분이라고 할 수 있다. 이제 흰 가운을 입고 실험실에 있는 자신의 모습, 혹은 노트를 들고 현장을 누비는 현장 연구자로서의 자신의 모습을 떠올려야 한다. 연구 방법을 읽으며 독자들이 상상하는 모습도 그런 것이어야 한다.

실험실에 있건, 현장에 있건, 연구자는 연구 절차에 엄격해야 한다. 연구 논문은 사적인 글이 아니라 공적인 글이다. 동료 연구자들과 독자들의 평가를 받는 글이기 때문이다. 특히 "연구의 방법"과 "연구 결과" 이 두 부분에서 그런 절차적 엄격함이 더 요구된다. 논문 전체가 그렇지만, 이 두 부분만큼은 재미가 없더라도 주관적 해석의 여지를 최소화하는 글쓰기를 해야 한다. 상상력과 주관적 해석의 자유를 펼치는 것은 바로 뒤의 "결과에 대한 논의"에서 하면 된다. 그때까지는 '재미없는' 객관적 연구자의 자세를 지켜야 한다.

여기서도 잊지 말아야 할 사람이 있다. 누군지 알 것이다. 바로 독자다. 이들이 대학교 2학년 정도라는 것을 잊지 않았기를 바란다. 연구 방법과 결과 제시 부분도 이들을 위해 써야 한다. 마치 이들에게 말하는 것처럼 말이다. 이 부분에서는 독자가 재미없다고 해도 어쩔 수 없다. 조는 것 같으면 흔들어 깨워서라도 대화를 지속해야 한다. 연구 방법과 연구 결과 부분이 매우 기술적인 내용이긴 하지만, 여기서도 가능하면 그들이 알아들을 수 있는 말로 내용을 전달해야 한다. 물론 최신 자료 수집 방법이나, 첨단 통계 분석 방법을 소개해야 할 경우는 난감할 수 있다. 그래도 참을성 있게 설명해야 한다. 그것의 세부적인 내용을 독자가 이해하지 못하더라도, 그런 방법들의 기본적인 내용이 무엇이고, 왜 그런 방법을 써야 하는지를 독자가 납득할 수 있게 해야 한다.

연구 방법

연구 방법 부분을 어떻게 쓰는가는 어떤 연구 방법을 쓰느냐(인터뷰, 내용 분석, 설문 조사, 실험 등등)에 따라 다르다. 또 같은 연구 방법을 쓰더라도 학문 분야마다, 학술지마다 차이가 있으니 먼저 자기 분야에서는 어떤 방식으로 연구 방법을 소개하는지 확인해 봐야 한다. 여기서는 가능하면 어디에나 적용되는 일반적인 내용에 대해서만 이야기한다.

방법론 부분의 구성

방법론 부분은 다음의 요소를 갖추어야 한다.

(1) 자료 수집 방법 및 절차
(2) 변인 측정 방법

(3) 분석 방법

먼저 자료의 수집 방법을 소개해야 한다. 이 책은 연구 방법론 책이 아니므로 자료 수집 방법은 자기 분야의 연구 방법론 강의를 듣거나, 관련 교과서를 참고하기 바란다. 연구 방법이 실험이든, 설문 조사든, 내용 분석이든, 심층 인터뷰든, 참여 관찰이든, 문헌 고찰이든 상관없이 자료를 수집하는 절차는 아주 상세하게 설명해야 한다(이에 대해서는 뒷부분에서 다시 언급한다). 두 번째는 연구에서 사용한 변인을 어떻게 측정했는지 소개한다. 질적 연구(인터뷰나 FGI)라면 인터뷰에서 사용한 주요 질문을 소개해야 한다. 세 번째는 분석 방법을 설명한다. 자료를 수집한 후 그 자료를 실제로 어떻게 분석했는지를 소개해야 한다. 각각의 부분에 대해 조금 더 상세하게 이야기해 보겠다.

자료의 수집　　　연구를 위한 데이터를 어떻게 수집했는지 자세히 설명해야 한다. 자세히라면 어느 정도 자세히 설명해야 할까? 그 기준을 한마디로 말하기는 쉽지 않지만, 누구든 논문에서 저자가 설명한 자료 수집 방법만을 읽고도 같은 방식의 자료 수집을 할 수 있을 정도여야 한다.

변인의 소개　　　양적 연구들은 변인과 변인들 사이의 관계를 다룬다. 그래서 변인들에 대한 설명이 필요하다. 변인에 대해 설명한다는 것은 다른 것이 아니라, 그것들을 어떻게 측정했는지 밝힌다는 것이다. 변인의 측정 도구는 가능하면 이미 다른 연구에서 타당도와 신뢰도가 검증된 것이어야 한다. 그런 경우에는 변인을 측정하는 도구와 절차를 어떤 선행 연구에서 가져왔는지를 인용하고 밝혀야 한다. 변인의 측정 도구가 지금 이 연구를 위해서 새롭게 개발된 것이라면, 어떤 절차에 의해 개발이 되었는지를 설명해야 한다. 그리고 새로 개발한 측정 도구의 타당도와 신뢰도에 대해 설득력 있는 자료를 제시해야 한다.

인터뷰와 같은 질적 방법을 썼을 경우에도 변인에 대한 소개가 필요하다. 이런 방법에서는 변인이라는 용어를 쓰지는 않겠지만, 실제로 피응답자에게 어떤 질문들을 어떻게 물어봤는지 등을 소개해야 한다.

분석 방법　　　자료를 어떻게 모았고, 주요 변인은 어떻게 측정했는지를 소개한 뒤에는, 수집된 자료를 어떤 방식으로 분석했는지 설명해야 한다. 여기서도 원칙은 누구든 내가 갖고 있는 자료를 갖고 분석을 한다면 내가 했던 방식과 같은 방식으로 분석을 할 수 있을 정도로 최대한 상세하게 기술해야 한다는 것이다.

방법론 부분에 대한
몇 가지 추가 제언

첫째, 방법론 부분은 자세할수록 좋다. 연구 방법 부분을 쓸때 가장 염두에 두어야 하는 것은 전달해야 하는 정보를 매우 상세하게 전달해야 한다는 것이다. 실제 연구를 어떻게 진행했고, 어떻게 자료를 모았고, 어떻게 측정했고, 어떻게 분석했는지에 대해 가능한 최대한으로 상세하게 써야 한다. 앞에서 말한 것처럼 내 설명을 읽은 사람이 거기서 얻은 정보를 갖고 나와 똑같은 연구를 수행하는 것이 가능할 정도로 말이다. 가령 실험 연구를 한다고 하면, 언제, 어디서, 누구에 의해서 실험이 진행되었고, 참여자들은 어떻게 모집했고, 실험 시간의 길이는 어느 정도였고, 참여자가 실험 장소에 오면 어떤 순서대로 실험이 진행되었는지, 실험 참가자들에게는 어떤 선물을 줬는지, 실험이 끝난 뒤에는 어떤 절차를 밟았는지 등 실험과 관련한 그야말로 '시시콜콜'한 절차적 사실들을 생생하게 기술해야 한다. 학술지의 논문 심사위원들이 자료의 수집 부분에서 가장 많이 지적하는 점은 연구 절차, 특히 자료 수집 절차에 대한 설명이 부족하다는 것이다. 그런 지적을 받지 않을 만큼 연구 방법 절차에 대해 자세히 설명해야 한다.

둘째, 연구 방법 부분을 쓸 때도 논문의 독자가 대학교 2학년 정도 수준이라는 사실을 잊지 말아야 한다. 대학교 2학년 정도 되는 학생이 내 설명을 잘 이해해서 나와 같은 방식으로 연구할 수 있도록 차근차근 설명하듯이 기술해야 한다. 연구 방법에 대한 설명이 조금 길어지더라도 말이다. 대부분의 학술지가 논문 분량 제한 규정이 있기 때문에 전체 논문의 분량을 무한정 길어지게 할 수는 없지만 말이다.

셋째, 연구 방법 부분의 시제는 어떻게 하는 것이 좋을까? 과거형으로 하는 것이 좋다. 학술 논문은 연구 계획서가 아니라 연구를 이미 끝낸 일종의 보고서다. 그러므로 연구 방법은 이미 진행한 연구에 대해 사후 보고의 내용을 담아야 하는 곳이다. 그러므로 연구 방법 부분의 시제는 모두 과거형으로 하는 것이 좋다.

넷째, 연구 방법 부분에서는 자기가 실제 사용한 연구 방법에 대한 것만 이야기하는 것이 좋다. 연구 방법 부분에서 다시 이론적인 내용을 끌고 오는 경우가 있는데 그것은 가능하면 피해야 한다. 가령 연구에 등장하는 변인들을 소개하면서 그 변인과 연관된 선행 연구들을 소개하고, 심지어는 다시 연구 문제나 가설에 대한 이야기를 하는 경우가 있다. 대개의 경우 불필요한 일이다. 변인들을 소개할 때는 그 변인이 연구에 쓰일 충분한 신뢰도와 타당도를 갖고 있음을 보여 주면 충분하다. 척도의 신뢰도와 타당도를 입증하기 위한 수단으로 선행 연구를 언급할 수는 있다. 하지만 그 변인의 개념적 정의나 이론적 토대 등에 대한 것은 앞부분, 선행 연구에 대한 논의 부분에서 언급하고 연구 방법 부분에서는 측정 방법과 측정 방법의 신뢰도와 타당도에 집중하면 된다.

다섯째, 연구 방법 부분을 방법론 교과서처럼 쓰지 않도록 해야 한다. 자료 수집 방법이나 측정 방법, 분석 방법 등에 대해서 교과서에나 나올 법한 설명을 하는 경우가 있는데 필요하다면 참고 문헌을 붙이는 정도면 충분하다. 물론 어느 정도 설명이 필요할 때도 있기는 하다. 새로운 자료 수집 방법을 사용했거나, 새로운 측정 도구를 이용했거나, 새로운 분석 방법을 사용했을 경우, 그에 대한 설명이 필요한 경우가 있다. 이때도 새로운 연구 방법이 타당한 것을 꼭 입증해야 하거나, 별도의 설명이 없으면 연구 결과 내용을 독자가 이해하기 쉽지 않을 경우에만 하는 것이 좋다. 대개 독자가 필요하면 찾아볼 수 있도록 참고 문헌을 달아 주는 정도면 충분하다.

연구 결과

자, 이제 수행한 연구의 결과를 제시해야 할 때가 왔다. 연구자로서 가장 흥분된 순간이다. 연구 결과 부분은 저자가 어떤 연구 문제와 가설을 검증했는지, 어떤 연구 방법을 썼는지, 어떤 분석 방법을 썼는지 등에 따라 다른 방식으로 써야 한다. 특히 연구 결과는 그것이 질적 방법을 사용했는지, 양적 방법을 사용했는지에 따라 거기에 맞게 작성해야 한다. 그렇기에 연구 결과를 잘 쓰기 위해서는 자기 연구에서 사용된 연구 방법론에 대한 체계적 지식이 필수적이다. 물론 지금 이 책은 연구 방법론 책이 아니다. 따라서 연구 결과 내용의 기술 방식 자체에 대해서는 언급하지 않겠다. 다만 꼭 알아야 할 기본적인 내용들을 소개한다.

첫째, 연구 결과는 앞에서 제시한 연구 문제나 가설의 순서대로 하는 것이 좋다. 독자들을 위해서 연구 문제나 가설을 반복한 뒤 그 결과가 어떻게 나왔는지를 밝히면 된다. 예를 들어 이런 방식으로 쓰면 좋다.

가설 2는 소셜 미디어 이용자들이 비이용자들보다 정치 관심 정도가 더 높을 것이다였다. 이 가설을 검증하기 위해서 M이라는 분석을 실시한 결과 N이라는 결과가 나왔다. 이 결과를 바탕으로 가설 2를 채택할 수 있다.

둘째, 결과 부분에서 애매모호한 표현은 가능한 피하고, 직설적이고 명확한 방식으로 결과의 내용을 제시해야 한다. 연구 결과 부분에서는 결과에 대한 분명한 정보를 제공해야 한다. 즉 가설이 검증되었는지 그렇지 않은지, 그러한 판단의 근거는 무엇인지에 대한 정보를 분명하게 제공해야 한다. 가령 연구 가설이 "과체중이나 비만인 사람들이 그렇지 않은 사람들보다 우울증 정도가 높을 것이다"였다고 하자. 그러면 결과 부분에서 독자들이 알아야 하는 것은 이러한 가설이 채택되었는지 기각되었는지다. 따라서 다음 내용들을 결과 부분에서 명시적으로 포함해야 한다.

(1) 가설 x는 "과체중이나 비만인 사람들이 정상적인 체중을 가진 사람들보다 우울증 정도가 높을 것이다"였다.

(2) 이 가설을 검증하기 위해 a의 통계 분석을 했다.

(3) 분석 결과에 따라 가설 x는 검증되었다(혹은 기각되었다).

가설이 아니라 연구 문제를 제시하는 논문의 경우는 연구 문제에 들어 있는 질문에 대한 답을 분명하게 제시하면 된다. 가령 이런 식이다.

⑴ 연구 문제 y는 "계층에 따라 새로운 기술에 대한 태도가 다를까?"였다.

⑵ 이 연구 문제에 대한 답을 찾기 위해 인터뷰 내용을 분석했다.

⑶ 분석 결과를 보면 계층에 따라 새로운 기술에 대한 태도가 달랐다. 어떻게 달랐는지에 대한 결과는 다음과 같다.

셋째, 연구 결과를 제시하는 부분에서는 연구 결과만 제시하는 게 좋다. 결과 해석과 의의를 논의하는 것은 바로 다음에 나올 "결과에 대한 논의" 부분에서 하면 된다. 결과를 넘어서 그 결과의 의미까지 이야기하고 싶은 마음이 굴뚝 같더라도 참고, 연구 결과 부분에서는 결과만 분명하게 제시하면 된다.

넷째, 결과를 효과적으로 전달하기 위해서 표와 그림을 적절히 사용하면 좋다. 앞 문장에서 중요한 단어는 '적절히'이다. 여기서 '적절히'에는 두 가지 의미가 있다. 첫 번째는 표와 그림을 만들어서 결과 부분에서 쓸 경우 자기식대로, 자기가 생각하기에 멋있다 생각하는 방식으로 만들어서는 안 된다는 것이다. 자기가 속한 학문 분야, 혹은 투고할 학술지의 규정을 따라서 작성해야 한다. 대개 특정 학회나 특정 학술지는 표와 그림을 어떻게 만들어야 하는지에 대해 꽤 꼼꼼한 기준들을 갖고 있다. 그것을 잘 숙지한 뒤 그에 따라 표와 그림을 작성해야 한다.

'적절히'의 또 다른 의미는 표와 그림의 개수를 적절히 조절해야 한다는 것이다. 표와 그림이 독자의 이해를 도와 줄 수는 있지만, 그 효율성을 따져서 포함 여부를 결정해야 한다. 표와 그림이 굳이 없어도 내용을 전달할 수 있다면 포함하지 않는 것이 좋다. 혹은 여러 개의 표나 그림을 합쳐서 하나의 표나 그림으로 만들 수 있다면 그렇게 하는 것이 좋다. 물론 그런 과정에서 표나 그림이 너무 복잡해져서 이해를 오히려 어렵게 하지 않아야 할 것이다.

다섯째, 결과 부분의 시제에 대한 것이다. 연구 결과를 제시할 때는 과거형으로 하는 것이 좋다. 이미 진행된 연구의 결과를 보고하는 것이기 때문이다.

여섯째, 연구 결과의 분량은 어느 정도가 적당할까? 연구 결과 부분은 꼭 길 필요가 없다. 연구 결과만을 건조하게 전하면 되기 때문이다. 표와 그림을 효과적으로 사용하면 본문의 길이가 더 짧아질 수도 있다. 결과 부분이 짧다고 해서 불안해할 필요는 전혀 없다. 연구 결과 부분이 연구 방법 부분보다 훨씬 짧은 논문이 생각보다 아주 많다.

반복 가능성과 명확성

연구 방법 부분에서 가장 중요한 원칙은 반복 가능성이고, 연구 결과 부분에서 가장 중요한 규범은 명확한 소통이다. 연구 방법 부분을 쓸 때 염두에 두어야 하는 것은 누구든 논문에서 소개한 자료 수집 과정을 거쳐 같은 분석 방법을 사용하면 같은 결과를 얻을 수 있을 만큼 자세히 연구 절차를 설명하는 것이다. 결과 제시 부분에서 중요한 것은 연구 문제의 답, 혹은 가설 검증의 결과를 분명하고 명확하게 기술하는 것이다. 가능하면 감정은 억제하고, 건조한 태도를 유지해야 한다. 딱딱하게 느껴져도 상관없다. 연구 방법과 연구 결과의 내용은 내가 속한 학문 공동체의 엄격한 잣대로 평가를 받을 때 문제가 없어야 한다. 그렇기에 자신이 속한 분야의 관례와 규칙을 정리한 연구 방법론을 잘 숙지하고, 그에 따라 기술해야 한다.

- 방법론 부분은 (1) 자료 수집 방법 및 절차, (2) 변인 측정 방법, (3) 분석 방법으로 구성된다.

- 방법론 부분은 다른 사람이 그 내용을 읽기만 해도 똑같은 방식의 연구를 진행할 수 있을 정도로 자세히 써야 한다.

- 연구 방법 부분도 대학교 2학년생이 이해할 수 있게 써야 한다.

- 연구 방법 부분의 시제는 과거형으로 하는 것이 좋다.

- 연구 방법 부분을 연구 방법의 교과서같이 쓸 필요는 없다. 실제 연구 과정을 소개하기 위해 필요한 정도로만 쓰면 된다.

- 연구 결과는 논문 앞 부분에서 연구 문제나 가설을 제시한 순서대로 기술하는 것이 좋다.

- 결과 부분에서 애매모호한 표현은 가급적 피하고, 직설적이고 명확하게 결과의 내용을 제시해야 한다.

- 연구 결과 부분에서는 군더더기 없이 연구 결과만 제시하는 것이 좋다. 결과에 대한 해석은 '결과에 대한 논의' 부분에서 하면 된다.

- 결과를 효과적으로 전달하기 위해 표와 그림을 적절히 사용하라.

- 결과 부분의 시제는 과거형으로 하라.

새로운 청중의 등장

결과에 대한 논의

7

이제 드디어 논문의 마지막 부분에 왔다. 논문의 저자인 내게 또다시 새로운 미션이 주어졌다. 어려운 미션은 아니다. 사실 매우 즐거운 미션이다. 상에 차려진 음식을 그 향과 맛을 음미하며 먹으라는 미션이기 때문이다. 연구 방법 부분은 시장에서 어떤 생선을 어떻게 골라 사왔는지, 그 생선의 머리와 꼬리를 어떻게 쳐내고 어떻게 뼈를 발라 냈는지, 그리고 어떤 방식으로 그 생선을 요리했는지 설명하는 것이고, 연구 결과 부분은 어떤 음식이 만들어졌는지 설명하는 것이라면, 결과에 대한 논의 부분에서는 요리된 음식을 즐기며 그 음식에 대해 평하면 되는 것이다. 자기가 만든 음식에 대해 스스로 평한다는 것이 조금 쑥스럽긴 하지만 말이다. 음식에 대한 평 하나를 읽어 보자.

"프라이팬에 튀겨 바삭바삭하면서도 부드러운 속. 편안하면서도 탄탄한 느낌을 동시에 가진 맛. 반죽이 간단하고, 맛있는 디핑 소스만 있으면 충분하고, 언제든 밤에 자기가 좋아하는 야채(브뤼셀 콩나물!)를 쓰거나, 혹은 그냥 냉장고에 있는 그 무엇(당근, 양파)이라도 이용해서 만들 수 있는 훌륭한 음식!"(Sifton, 2019, 10. 28)

이 평을 쓴 사람은 〈뉴욕 타임스*The New York Times*〉의 음식 담당 수석 편집자인 샘 시프턴Sam Sifton이다. 그가 여기서 무슨 음식에 대한 평을 쓴 것일까? 한번 짐작해 보라. 한국 음식 파전에 대해 이야기한 것이었다. 이 글을 읽다 보면 정말 파전 냄새가 나는 것 같고 입에 침이 고이지 않나? 물론 자기 연구 결과에 대한 논의는 〈뉴욕 타임스〉 음식 담당 수석 편집자가 맨해튼 식당에서 접한 파전에 대한 평가와는 다른 식의 글이어야 한다. 그럼에도 음식에 대해 이야기할 때 느끼는 약간의 흥분, 기대, 우쭐댐, 겸손 등이 복합적으로 섞이는 기분을 자기 연구 결과에 대해 이야기할 때도 느낄 수 있다는 점을 생각하면 음식 평과 연구 결과에 대한 논의가 완전히 다른 것도 아니다.

연구 결과에 대한 논의는 자기 연구에 대한 자부심과 겸손의 마음으로 조금은 긴장을 풀고 연구의 결과에 대해 이야기하는 것이라고 생각하면 된다. 그러니 겁낼 필요가 없고, 조금 건방져도 상관없다. 저자는 자기 연구 결과가 자기 분야 석학의 연구와 어떻게 비교되는지 이야기하며 우쭐해하기도 하고, 자기 연구가 자기가 속한 분야의 이론 발전에 기여한 점이 무엇인지 독자에게 상기시켜 주기도 하고, 자신의 연구가 사회적 문제 해결에 어떻게 활용될 수 있을지에 대한 스스로의 생각을 제시해 보기도 한다. 그러면서도 자기 연구가 스스로 통제할 수 없는 여러 가지 여건 때문에 부족한 점이 무엇이었는지 성찰하며 그것을 스스로 고백하기도 하고, 다음 후속 연구에서는 그런 부족한 점을 보충해서 어떤 개선된 연구를 할 수 있을지 설명하기도 한다. 이런 점들을 생각해 보면 결국 논문이라는 스토리텔링의 절정은 결과에 대한 논의 부분에 있다고 할 수 있다. 어떤 요리도 결국 그 음식을 맛보는 순간 때문에 존재하는 것이지 않겠는가?

하지만 학생들의 논문 초고를 열어볼 때 늘 아쉬운 부분이 바로 이 결과에 대한 논의 부분이다. 학생들 논문을 보면서 열심히 연구하고 흥미로운 결과를 제시했으면서도, 결과에 대한 논의에서 이렇게 할 말이 없을까라는 생각을 할 때가 있다. 재미없는 '결과에 대한 논의'는 마치 맛있는 음식이 차려진 멋진 식탁을 앞에 놓고도 입맛 잃은 사람처럼 젓가락질 몇 번 하고 식탁에서 일어나는 것과 다를 바 없다.

좋은 논문에는 반드시 연구 결과에 대한 충실한 논의가 있다

논문의 저자는 논문의 앞부분에서 선행 연구에 대한 문헌 고찰을 하면서 선행 연구의 저자들과 맞닥뜨렸다. 결과에 대한 논의 부분에서 저자는 자신의 연구에서 발견한 결과를 들고 선행 연구의 저자들에게 다시 돌아가야 한다. 내 연구 결과와 선행 연구 저자들의 결과를 같이 펼쳐 놓고, 그들에게 내 연구 결과가 어떤 이론적 의의를 갖는지, 어떤 학문적, 실용적 기여를 했는지 등을 설득력 있게 설명해야 한다. 따라서 논문 앞부분에서 소개한 선행 연구에 대한 논의 부분과 연구 결과에 대한 논의 부분은 유기적으로 연결될 수밖에 없다.

결과에 대한 논의의 구성

결과에 대한 논의 부분에는 다음의 내용이 들어가야 한다.

(1) 연구 목적 소개

(2) 결과의 요약

(3) 연구 결과의 이론적, 방법론적 의의

(4) 연구 결과의 실제적 의의

(5) 연구의 제한점

(6) 후속 연구 제안

(7) 결론

위에서 열거한 7개 항목은 서로 독립적으로 존재하는 것들이 아니다. 학술 논문의 다른 부분과 마찬가지로 결과에 대한 논의 부분에도 튼튼한 이야기 흐름이 있어야 한다. 위의 열거한 7가지 요소들을 엮어서 논문의 저자는 결과에 대한 논의를 다음과 같은 흐름을 갖는 이야기로 구축해야 한다.

(1) 이 연구의 목적은 a, b, c였다. (2) 그 목적을 갖고 연구를 수행한 결과 x, y, z의 결과를 얻었다. (3) 그 결과는 ㄱ, ㄴ, ㄷ이라는 이론적 혹은 방법론적 의의가 있다. (4) 그 결과는 ㄹ, ㅁ, ㅂ이라는 실제적 혹은 정책적 의의도 갖는다. (5) 이 연구에는 p, q, r이라는 한계점이 있었다. (6) 그러한 한계를 극복할 수 있는 방법을 도입하고, 본 연구에서 발견한 결과를 토대로 후속 연구에서는 d, e, f를 시도하는 연구를 실시할 수 있을 것이다. (7) 이상의 내용을 바탕으로 이 논문의 결론은 g, h, I다.

전체적인 흐름을 이야기했으니 이제는 '결과에 대한 논의'에 들어가는 각 부분에 대해 조금 더 자세히 살펴보자.

연구 목적 소개와 결과의 요약

연구 목적 소개와 결과의 요약은 하나로 묶어서 이야기해도 괜찮을 듯하다. 보통 논문에서 결과에 대한 논의 부분은 연구 목적을 요약해서 소개하고, 주요 연구 결과를 열거하는 것으로 시작한다. 가능하다면 대개 이것들을 모두 한 문단에 배치하는 것이 좋다. 조금 길어지는 경우라도 두 문단을 넘지 않도록 하는 것이 좋다. 논문의 다른 부분을 읽지 않더라도 이 문단만 읽으면 연구 목적과 주요 연구 결과를 파악할 수 있어야 한다. 그래서 결과에 대한 논의의 첫 문단은 초록과 비슷한 내용을 담는 경우가 많다.

많은 사람들이 논문을 펼치면 제일 먼저 초록 혹은 결과에 대한 논의 부분의 첫 문단을 읽는다. 그렇기에 결과에 대한 논의의 첫 문단은 아주 잘 써야 한다. 연구의 주요 핵심 사항을 일목요연하게 잘 정리해야 한다. 모든 연구 문제를 다 열거할 필요도 없고, 또 모든 연구 결과를 다 소개할 필요도 없다. 하지만 중요한 연구 목적과 연구 결과를 빠뜨리지 않고 정리한 뒤 명료하게 기술해야 한다.

연구 결과의 이론적, 방법론적 의의

주요 연구 결과를 소개했다면 논문의 저자가 그다음 수행해야 하는 과업은 선행 연구들의 연구 결과와 자기 연구의 결과 사이의 관계를 논하는 것이다. 여기서 저자는 선행 연구들의 저자들과 진지한 대화를 해야 한다. 어쩌면 그들과 치열한 논쟁을 벌여야 할지도 모른다. 그 점을 각오하고 이 부분을 써야 한다. 선행 연구들의 저자들이 어떤 때는 내 말에 고개를 끄덕일 것이다. 하지만 어떤 때는 갸우뚱하는 표정을 지을 것이다. 자신이 수행한 연구가 어떤 이론적 의미를 갖는 것인지 그들이 수긍할 수 있는 수준으로 설득력 있게 설명해야 한다.

어떤 식으로 이야기를 끌고 갈지는 논문이 애초에 어떤 식의 질문을 제기했는지에 따라 조금씩 다르다. 논문이 제기하는 질문 유형에는 세 가지가 있다고 3장에서 언급했다. 지금쯤 잊었을지 모르니 다시 복습해 보자. 첫 번째 질문 유형은 선행 연구에서 제기했던 질문을 내 연구에서 다시 확인하는 질문이다. 둘째는 선행 연구들끼리 서로 싸우는 논쟁을 말리는 질문이다. 셋째는 선행 연구들이 제기했던 질문(그리고 그 질문에 답하는 방식)에 대해 대안을 제시하는 질문이다. 이들 각각의 질문 유형에 따라서 이론적 의의를 설명하는 방식이 조금씩 달라진다.

첫 번째 경우(기존의 제기되었던 질문을 다시 확인하는 경우)부터 살펴보자. 이 경우 연구 결과는 두 경우 중 하나일 것이다. 기존 연구의 결과를 재확인하거나, 아니면 예측한 것과 반대로 기존 연구와 다른 결과가 나왔을 경우다. 어떤 경우든 이론적 의의를 찾을 수 있다. 연구 방법에 치명적인 문제가 없었다면 말이다.

먼저 기존의 연구 결과와 일치하는 혹은 유사한 결과가 나왔다면, 이 연구는 기존 이론의 외적 타당도를 높이면서 그것의 적용 가능성을 확장시켰다는 의의를 갖는다. 이론 수립자나 그 이론을 갖고 선행 연구를 수행했던 연구자들에게는 좋은 소식일 것이다. 자기들의 연구가 후속 연구에 의해 지지되었으니 말이다.

만약에 선행 연구와 일치하지 않은 결과가 나왔다 하더라도 너무 당황하지 말기를 바란다. 그것도 충분히 의미 있는 연구 결과일 수 있으니 말이다. 어쩌면 더 의미 있는 것일 수도 있다. 물론 여기서도 연구 방법에 문제가 없었다는 것이 중요한 전제다. 물론 기존 연구자들에게는 나쁜 소식이 될지 모르겠다. 자기들의 연구를 뒤엎을 수도 있는 결과일 테니 말이다. 하지만 논문 저자인 나에게는 새로운 방식의 설명, 새로운 이론을 개발할 기회가 될 수도 있다.

두 번째 경우, 즉 내 논문이 대립하는 논쟁을 말리는 질문을 갖는 경우에 대해 생각해 보자. 이런 질문에 대해서도 두 가지 다른 유형의 답이 가능할 것이다. 우선 내 연구 결과가 대립하는 두 세력 중 하나의 손을 들어주는 것이다. 이 경우 대립하는 선행 연구들(가령 선행 연구 A집단과 선행 연구 B집단)의 기본 주장이 무엇인지 간단히 다시 제시한 후 내 연구 결과가 어느 쪽을 지지하는 것인지 분명히 밝히면 된다. 물론 거기서 끝나면 안 될 것이다. 그런 결과가 갖는 의의와 한계가 무엇인지 가급적 객관적인 자세로 살펴보는 것이 필요하다. 가령 이런 식이다. 지금 내 연구의 결과는 선행 연구 A집단의 주장을 지지했지만, 그것이 과연 이러한 대립의 최종 결론이라 내가 선언할 수 있을 것인가? 아니라면 왜 아닌가? 아닐 수 있는 이유도 찾아보면 많을 것이다. 여전히 검토되지 않은 이론적 모델들, 방법론적 한계 등이 그 이유가 될 수 있다. 그 이유들을 생각해 보고 차분히 독자들에게 그것들을 제시하며 그 문제들에 대해 논의하면 된다. 마치 남의 연구 결과를 소개하듯이 자기 연구로부터 약간 거리를 두면서 차분한 논조로 이런 이야기를 할 수 있어야 한다.

한쪽의 손을 들어줄 수 없는 결과가 나오는 경우도 있다. 가령 어떤 상황에서는 선행 연구 A집단의 예측이 맞는데, 다른 상황에서는 B집단의 예측이 맞는 경우다. 가령 비만이 우울증과 관계가 있다는 A집단의 예측이 남자들 사이에서만 나타나고, 그렇지 않다는 B집단의 예측이 여자들 사이에서만 나타난다고 하자. 이 경우 비만과 우울증 사이의 관계에 대해 A집단과 B집단 중 누구의 손을 들어줘야 할지 난감해졌다. 하지만 너무 난처해할 필요는 없다. 왜냐하면 어쩌면 이런 결과가 더 흥미로운 것일 수도 있기 때문이다. 그동안 왜 서로 대립하는 연구 결과들이 나왔는지, 그 실마리를 내 연구가 제시할 수도 있다. 어쩌면 매우 획기적인 (그러므로 아마도 내가 흥분해야 할) 결과일지도 모른다. 이제 나는 내 연구를 통해서 양측의 손을 다 들어줄 수 있게 되었다. 무작정 손을 들어주는 것이 아니라, 내 연구는 선행 연구자들이 고마워해야 할 새로운 정보, 즉 다른 결과들을 만들어 낼 '조건'에 대한 정보를 추가했다고 할 수 있다. 결과에 대한 논의에서 나는 이러한 기여에 대해 차분히 소개하고, 그에 대해 논의해야 할 것이다. 그리고 그동안 대립했던 선행 연구들을 내 연구의 결과를 토대로 어떻게 평가할 수 있을지, 그 연구 결과를 기반으로 해서 앞으로의 연구 방향을 어떻게 잡아야 할지, 이론과 방법론상 새로운 방향을 어떻게 잡아야 할지 등을 논의하는 내용을 포함해야 한다.

어쩌면 논문의 저자는 이런 상황을 미리 예측 혹은 기대하고, 이미 일종의 조건 변인(제3의 변인, 혹은 조절 변인)을 연구 내용에 포함했을지도 모른다. 대립되는 두 집단 중 어느 쪽이 맞는가를 묻는 데서 그치는 것이 아니라, 이미 연구 문제나 가설은 조건 변인(가령 앞 문단 예시에서의 성별)을 상정하고, 그 조건 변인에 따라 다른 결과가 나올 것이라는 내용을 담고 있을지 모른다. 이런 경우에 조건 변인이 정말로 A집단이 예측한 결과와 B집단이 예측한 결과를 조건 짓는 역할을 한다면(앞 문단 예에서 성별이 했던 것과 같은 역할), 거기에 맞춰서 연구의 결과가 기존 선행 연구에 기여한 점에 대해 강조해서 설명하면 된다.

물론 이 경우 조건 변인이 제대로 역할을 못 할 수도 있다. 조건 변인이 유의미한 역할을 하지 못하고, A집단 혹은 B집단이 예측하는 결과만 만들어 내고 끝날 수도 있다. 그렇다면 조건 변인에 대한 검증은 실패했지만, 그래도 이 결과를 갖고도 적어도 세 가지 사항을 논의할 수 있다.

(1) 조건 변인이 그 역할을 하지 못한 이유는 그렇게 예측한 이론의 한계인가 아니면 연구 방법에 문제가 있어서인가에 대해

(2) 한쪽의 손을 들어주면서 그들에게 힘을 보탰다는 의의에 대해

(3) 이 연구에서 제시한 조건 변인이 역할을 하지 못했지만 다른 조건 변인의 가능성에 대해

물론 이것들 말고도 논의할 이야기는 더 많이 있을 수 있다. 앞의 세 가지는 예시로 제시한 것들일 뿐이다.

세 번째 경우는 기존 연구에 대해 대안을 제시하는 질문을 포함한 연구인 경우다. 여기서도 적어도 세 가지의 다른 연구 결과가 나올 수 있다.

- 첫째, 현재 수행하는 연구에서 제시한 대안이 기존 선행 연구들의 모델보다 더 설명력이 있다는 결과가 나왔을 경우
- 둘째, 기존 연구의 모델과 대안 모델의 설명력이 큰 차이를 보이지 않는 경우
- 셋째, 대안 모델이 기존 모델보다 설명력이 떨어지는 경우

수행한 연구가 첫 번째 경우에 해당하는 결과를 제시했다면 논문의 저자에게는 당연히 매우 기쁜 소식이다. 자신의 연구가 선행 연구들을 넘어서서 뭔가 새로운 것을 제시할 수 있게 되었기 때문이다. 기뻐할 이유가 충분하다. 스스로에게 자부심을 가져도 좋다. 그러나 그럼에도 마냥 기뻐만 할 수는 없다. 그런 결과가 갖는 이론적 의의를 설명해야 하기 때문이다.

가령 이런 것들에 대한 논의가 가능하다. 이제 자신의 대안 모델이 기존 모델보다 더 낫다는 결과가 나왔으니 그렇다면 기존 모델은 바로 모두 폐기해야 할까? 아니면 자신의 모델과 기존 모델을 상황에 따라 선택해야 하나, 혹은 기

존 모델과 자신이 제시한 대안 모델이 서로 통합된다면 더 강력한 모델이 될 가능성은 없나, 대안 모델은 기존의 모델을 폐기할 것을 요구하나, 아니면 부분적 수정을 요구하나, 그 대안 모델이 갖는 한계는 무엇일까 등등에 대해 차분히 검토하는 내용을 담아야 한다. 여기서도 가능하면 자기 연구 결과에 대해서 마치 남의 연구 결과인 양 거리를 두고 논의할 수 있어야 한다.

연구 결과에 대한 이론적 논의가 끝났다면 종종 방법론적으로도 짚고 넘어가야 할 문제들이 보일 것이다. 가령 그 연구가 그동안 다른 사람들은 접근하거나 수집하기 힘들었던 자료를 사용한 것이거나, 자료 수집 방법에서 어떤 혁신이 있었다거나, 자료 분석 방법에서 새로운 기법을 도입했다거나 하는 것 등에 해당되는 내용이 있었다면 그 부분에 대해 다시 강조해서 설명해야 한다. 새로운 연구 방법이 실제로 연구에 도움이 되었는지, 다른 사람들도 이 연구에서 시도한 새로운 연구 방법을 따르는 것이 좋을지에 대해 적어야 한다. 독자는 그 설명을 호기심 있게 들을 것이다. 물론 연구 방법에 대한 논의도 공정해야 한다. 자신이 행한 연구에서 새로 시도한 방법의 장점만 설명하는 것이 아니라 그것이 보인 한계점에 대해서도 언급해야 할 부분이 있다면 포함시켜야 한다.

자신의 논문이 현실적인 문제 해결에 도움이 되는 내용을 담고 있을 수도 있다. 즉 정책 수립이나 시행 등에 도움이 되는 내용, 사회적인 문제의 논의와 해결 과정에 지침이 되는 내용이 있을 수도 있다. 그런 내용들을 일목요연하게 정리할 수 있다면 독자들은 그 논문이 갖는 의의를 더 높이 평가하게 될 것이다.

연구의 한계와 후속 연구 제안

이제 논문의 마지막 부분에 거의 다다랐다. 논문을 마치면서 자기 논문이 갖는 한계점에 대해 정리하고, 그것을 토대로 후속 연구들을 위한 제안을 하는 것이 좋다. 한계가 없는 100% 완벽한 연구는 없다. 그러므로 한계에 대해서 논하는 것을 부끄러워할 필요는 없다. 발표할 수 없을 정도로 치명적인 문제가 있는 연구는 발표 자체를 포기해야 한다.

'연구의 한계' 부분의 분위기는 이런 식이어야 한다.

내 연구가 갖는 한계점들에 대해서 내가 모르는 게 아니다. 독자가 알고 있는 것을 포함해서 그가 미처 눈치채지 못한 것들도 나는 알고 있다. 그것들은 바로 x, y, z다. 그런 한계점은 대개 내가 통제할 수 없는 것이었다. 알다시피 세상에 한계가 없는 연구는 없다. 이런 한계가 있는 것은 사실이지만, 그 한계들은 내 연구가 기여한 바를 해칠 만큼 심각한 것은 아니다.

물론 이렇게 쓰라는 것이 아니라, 이런 마음이 전달되도록 쓰라는 것이다. 이런 식의 분위기가 비치도록 쓰라는 것이다. 연구의 한계를 논할 때 너무 주눅 든 태도를 보일 필요가 없다. 다시 말하지만 한계가 없는 완벽한 연구는 없다. 내 연구도 그런 연구 중 하나일 뿐이다. 같은 이유로 연구의 한계를 너무 길게, 자세히 쓸 필요도 없다. 무엇이 잠재적 문제인지 간략하게 언급을 하는 정도면 충분하다.

연구의 한계에 대한 이야기는 후속 연구에 대한 제안으로 바로 연결될 수 있다. 한계는 한계로 끝나는 것이 아니라 뭔가 극복의 방향을 제공하는 것이기도 하다. 한계에 대한 극복 방향 자체가 후속 연구의 주제다.

연구의 결론

모든 학술 논문이 별도의 결론을 갖는 것은 아니다. 대개 후속 연구에 대한 논의에서 논문이 끝나는 경우도 많다. 그런데 어떤 학술지의 경우는 결론을 필수 요건으로 삼기도 한다. 그런 결정은 학술지 자체의 결정이라기보다 어떤 경우엔 편집자의 결정일 수도 있고, 혹은 논문 심사자의 제안 사항일 수도 있다. 그런 경우에는 결론을 써야 한다. 하지만 이런 상황이 아니더라도 학술 논문에는 지면이 허락한다면 일반적으로는 결론이 있는 것이 좋다. 내 논문의 한계(그리고 후속 연구에 대한 기대)로 논문을 끝내는 것은 좀 허망하다. 그보다는 내 논문의 긍정적인 기여에 대한 문구로 논문을 끝내는 것이 더 좋다. 결론은 길 필요가 없다. 내 논문에서 가장 중요한, 가장 획기적인, 가장 의미 있는, 가장 내세우고 싶은 것 한두 가지를 한 문단 정도로 요약해서 쓰고 논문을 끝내면 된다.

지금까지 결과에 대한 논의 부분을 어떻게 쓸 것인지에 대해 이야기했다. 몇 가지 추가적인 이야기를 하겠다. 추가적이라고 말했지만, 앞에서 말한 것만큼 중요하다고 생각하는 것들이다.

대화 상대에 대한 문제

이 책 전체에 걸쳐서 지속적으로 강조한 것들 중 하나는 논문 '쓰기'는 사실 논문 '말하기'라는 것이고, 그렇기에 늘 대화 상대를 염두에 두어야 한다는 것이다. 논문 처음부터 (바로 앞 장에서 다룬) 연구의 결과 부분까지 대화 상대를 대학교 2학년생 정도로 상정하고 그에게 말하듯 논문을 쓰다가 결과의 논의 부분으로 들어서면서부터는 대화 상대를 바꿔야 한다. 지금까지는 저자 앞에 대학교 2학년짜리 어리숙한 학생이 앉아 있었다. 그런데 사실 논문의 저자인 내가 논문에 대해 말하는 자리에 나와 그 학생만 있던 것은 아니었다. 이런 식으로 상상해 보자. 나는 대학교 2학년 학생과 대화하는 방송 프로그램에 출연해서 스튜디오 가운데 그 학생과 앉아 이야기하고 있다. 둘의 대화지만, 사실 그 자리에 둘만 있는 것은 아니고, 제작진도 있고, 또 방청석에도 사람들이 앉아 있다. 그래서 내가 지금까지 대학교 2학년 학생을 쳐다보며 말을 하고 있지만, 그렇다고 다른 사람을 완전히 무시할 수는 없다. 논문에 대한 대화에서 지금까지는 바로 앞에 앉아 있는 대학교 2학년 학생이 가장 중요했지만, 동시에 제작진 눈치도 살폈을 것이고, 또 방청객 반응도 조금씩 신경을 썼을지 모른다.

그런데 이제 상황이 조금 바뀌었다. 결과에 대한 논의를 시작하면서 나는 방청석에 줄곧 앉아 이야기를 듣던 이 분야의 전문가를 발견한다. 그를 보자마자 나는 자리에서 일어나 이제부터는 그에게 이야기를 하기 시작한다. 물론 나는 여전히 스튜디오 가운데에 앉아 있는 대학교 2학년 학생도 의식한다. 또 그 자리에 있는 다른 사람들도 의식한다. 그러나 이제 내 이야기의 주된 청자는 그 전문가로 바뀌었다.

이런 식으로 결과에 대한 논의를 쓰면서 내 이야기를 듣는 주 대상을 논문 주제의 특정 전문가로 바꿔야 한다. 그(혹은 그녀)가 누구든지 상관없다. 실제로 아는 사람이어도 좋고, 만난 적 없지만 이름만 아는 사람이어도 좋다. 그 분야의 대가여도 좋고, 이제 막 박사 학위를 받은 소장 학자여도 좋다. 가장 적절한 사람은 내 논문의 연구 문제와 가설을 도출하는 데 가장 중요하게 기여한(그래서 내가 인용한) 선행 연구의 저자일 것이다. 이제 그를 상대로 대화를 시작해야 한다.

앞서 말한 것처럼 그가 갑자기 나타난 것이 아니라, 내가 대학교 2학년 수준의 독자에게 이야기하는 순간에도 사실 그는 조명이 비치지 않는 어두운 청중석 가운데서 팔짱 끼고 앉아 내 이야기를 듣고 있었을 것이다. 그리고 나도 그가 있음을 눈치채고, 어렴풋이라도 그를 의식하며 말해 왔을 것이다. 결국 저자인 나는 논문의 처음부터 끝까지 이중적인 성격의 독자들을 계속 의식하며 글을 써왔던 것이다. 좋은 논문을 쓴다는 것은 이중 독자의 상황을 잘 다룰 줄 안다는 것이다.

자기 객관화의 문제

바로 앞에서 논문 독자에 대해 이야기했지만, 사실 결과에 대한 논의 부분에서 한 명의 독자가 더 있다. 누구일까? 다른 누구가 아닌 바로 저자 자신이다. 자기 자신이 독자의 한 사람이 되어서 자기 연구 결과를 볼 수 있어야 한다.

화가가 그림을 완성하고 나서 그것을 갤러리에 전시하면 이제 그 그림은 평론가나 일반 사람들의 평을 받는 공적인 자리에 나가게 된다. 소설가가 작품을 출판한 뒤에도 마찬가지다. 이렇게 화가나 소설가의 작품들은 창작자의 품을 떠나 공적인 자리에 서서 공적인 평가를 받는다. 《쿠오바디스*Quo Vadis*》로 유명한 폴란드의 문호이자 1905년 노벨문학상을 받은 헨리크 시엔키에비치Henryk Sienkiewicz의 《어둠 속에서도 빛은 있나니*Lux in tenebris lucet*》라는 아주 짧은 단편의 마지막 부분에는 늙고 병들었던 조각가 카미옹카가 죽은 뒤 자기 작업실과 그곳에 누워 있는 자신의 몸을 바라보는 장면이 나온다. 이제 작업실에 있는 작품들도, 심지어는 그 작품을 만들던 자기 몸도 카미옹카와의 물리적 관계가 없어졌다. 마치 롤랑 바르트Roland Barthes(1968/1977)가 "저자의 죽음"에서 말한 것처럼 논문을 쓰는 저자도 결과 논의 부분에서는 카미옹카처럼 자기의 연구 결과를 마치 그것이 이제 다른 사람의 것인 양 제3자적 시점에서 바라볼 수 있어야 한다.

제3자의 시각으로 자기 연구 결과를 바라본다는 것은 무엇일까? 롤랑 바르트는 "저자의 죽음"이라는 말을 통해 저자가 어느 순간부터는 자기 작품에 대해 소유권을 주장할 수 없음을 강조한다. 그는 저자가 자기 작품을 창조했기에 그 근원과 본질을 다 꿰뚫고 있다 믿는 것은 근대의 신화일 뿐이라고 주장한다. 결과에 대한 논의 부분에서 논문 저자는 이러한 죽음을 통렬하게 의식해야 한다. 시엔키에비치의 카미옹카처럼 자신이 죽었음을, 자기가 자신의 작품으로부터 멀어졌음을 인식해야 한다.

하지만 저자가 완전히 죽고, 사라지는 것은 아니다. 새로운 정체성을 입고 다시 자기 연구 결과로 돌아와야 한다. 저자는 자기의 결과물 앞에 이제 독자로서, 비평가로서, 감상자로서 다시 서 있다. 결과 논의 부분에서 논문의 저자는 제3자적 시점을 지닌 독자로서의 정체성을 갖고 자기의 연구 결과에 대해 제3자로서 다른 제3자들(방청석에 앉아 있던 관련 연구자를 잊지는 않았으리라 믿는다)에게 말해야 한다. 결과에 대한 논의 바로 앞에 나온 "연구 결과" 부분까지 유지했던 저자로서의 지위를 내려놓고, 자기 연구 결과의 의미와 의의에 대해 객관적인 논평을 해야 한다. 자신의 연구 결과를 다른 연구자들의 연구 결과들과 같은 테이블에 올려놓고, 그 어떤 것에도 편견을 갖지 않고 공정하게 비교하고, 판단해야 한다. 제3자의 눈으로 내 연구의 결과가 이 분야 전체의 연구 지형과 흐름에서 어떤 위치를 차지하는지를 다른 제3자들에게 말해 주어야 한다. 당연히 이때 필요한 자세는 비판적 자세다. 스스로에게, 자기 노력의 결과물에 대해, 비판적인 자세를 가져야 한다.

자신의 연구에 대해 제3자적 시점으로 비판적 평가를 한다는 것은 매우 어려운 일이다. 어려운 정도가 아니라 아마도 사실은 불가능한 일일 것이다. 그럼에도 논문 저자는 "결과에 대한 논의" 부분을 그런 자세로 써야 한다. 결과 부분까지 논문을 써 왔던 저자는 죽었다. 저자로서 그는 죽었지만, 이제 자기 연구 결과에 대한 비판적인 독자로 돌아왔다는 생각을 하며 써야 한다.

자신의 연구에 대해
비판적으로 이야기하기

어쩌면 논문에서 가장 흥미로운 부분은 "결과에 대한 논의" 부분이다. 저자는 여기서 자기 자신의 연구에 대해서 객관적인 자세로, 제3자의 시각을 갖고 평한다. 그는 요리사가 정성스레 준비한 요리에 대해 평을 하는 음식 비평가인 양, 연구 결과에 대해 평해야 한다. 연구 결과의 의의에 대해, 한계에 대해, 한계를 극복할 대안적인 방안 등에 대해 논해야 한다. "결과에 대한 논의"에도 견실한 서사가 있어야 한다. 여전히 논문의 저자(이제는 독자라는 정체성 탈을 쓰고 있으나)는 이야기꾼이다. "결과에 대한 논의"에서 저자는 새로운 대화 상대를 상대로 대화를 하기 시작한다. 지금까지 대화 상대자 역할을 해왔던 대학교 2학년 학생이 여전히 앞에 있긴 하지만 이제 주된 대화 상대는 같은 주제를 연구하는 다른 연구자들로 바뀌었다. 종종 이 대화는 논쟁이 될 것이다. 이 대화와 논쟁을 어떻게 끌고 가느냐가 논문의 수준에 매우 중요한 영향을 미칠 것이다.

이제 논문의 끝 부분까지 왔다. 논문 제목에서부터 결과에 대한 논의 부분에 이르기까지 많은 이야기를 했다. 하지만 내 얘기가 아직 끝나지 않았다. 몇 가지 남은 이야기들, 특히 논문의 '글쓰기' 방식에 대한 문제를 다음 장에서 이야기하겠다.

- 연구 결과에 대한 논의는 자기 연구에 대한 자부심과 겸손의 마음을 동시에 갖고 써야 한다.
- 좋은 논문에는 반드시 좋은 '결과에 대한 논의'가 있다.
- 결과에 대한 논의 부분은 (1) 연구 목적 소개, (2) 결과의 요약, (3) 연구 결과의 이론적, 방법론적 의의, (4) 연구 결과의 실제적 의의, (5) 연구의 제한점, (6) 후속 연구 제안, (7) 결론으로 구성된다.
- '결과에 대한 논의'도 가상의 독자를 상정하고 하는 대화처럼 써야 한다. 여기서 주요 대화 상대자는 다른 연구자들이어야 한다 (바로 앞까지 대화 상대자는 대학교 2학년 정도 수준의 독자였다).
- '결과에 대한 논의' 부분에서 저자는 제3자적인 시각으로 자기 연구의 장점과 단점을 비판적으로 살펴볼 수 있어야 한다.

논문 쓸 때
생각할 몇 가지
남은 이슈

8

논문이란 것이 도대체 무엇인지, 논문을 쓴다는 것이 무엇인지, 논문은 어떻게 구성해야 하는지, 논문의 서론부터 마지막 결론까지 어떤 식으로 써 내려가야 하는지에 대해 앞의 장들에서 설명했다. 여러 번 반복했지만 꼭 잊지 말아야 할 것은 논문 쓰기가 독백이 되어서는 안 된다는 것, 논문에는 이야기의 흐름이 있어야 한다는 것, 논문을 쓴다는 것은 보이지 않는 커다란 학문 커뮤니티에 참여하는 행위라는 것 등이다. 이 장에서는 앞에서 논문 작성 과정을 설명하면서 미처 강조하지 못한 점들, 그러나 꼭 명심해야 할 점들을 모아서 이야기해 본다.

논문은 계속 앞으로 달리는 방식으로 써야 한다

논문을 쓸 때는 계속 앞으로 달려야 한다. 뒤를 돌아볼 필요가 없다. 직선으로 달려야 한다. 서울의 2호선 순환선같이 빙빙 도는 글이 아니라, 3호선같이 직선 노선으로 한 방향으로 달리는 글이어야 한다. 이게 무슨 말일까? 오래전 경험을 하나 이야기해 보겠다. 석사 과정으로 유학을 간 첫 학기에 기말 페이퍼 과제로 논문 에세이를 제출해야 했다. 처음으로 써 보는 긴 영어 글이었다. 마침 학교에 학생들을 위한 글쓰기센터writing center가 있어서 시간 예약을 했다. 약속 시간에 카운슬러를 만났다. 영문학과 박사 과정 학생이었다. 내 글을 미리 보내 준 뒤 며칠 후 만나 내 글에 대한 평을 듣는 자리였다. 그녀가 들고 온 내 글을 슬쩍 보니 처음부터 끝까지 빨간펜 수정이 가득하다. 내가 약간 우울한 표정 짓는 걸 봤는지 칭찬을 한마디 해 줬다. "한국에서 온 학생들 글을 읽어 보면 논리가 매우 순환적circular인 경우가 많았어. 네 글은 적어도 그렇지 않아. 분명하게 직선적linear이어서 좋아"라는 칭찬이었다.

아마도 빨간펜 지적을 너무 많이 해서 너무 좌절하지 말라고 해 준 칭찬이었을 것이다. 그런데 그녀의 말에 중요한 점이 들어 있다. 이는 내가 논문을 쓸 때 늘 염두에 두는 것이 되었다. 좋은 논문 글쓰기는 계속 앞으로 달리는 방식의 직선적 글쓰기여야 한다는 것이다. 순환적인 논리가 아닌 선형적인 논리를 갖고 글을 써야 한다는 것이다.

앞으로 달리는 글이 되려면 앞의 말과 뒤의 말이 논리

적인 연계성은 갖지만, 각각 서로 다른 내용을 담아야 한다. 신촌역과 홍대입구역은 같은 2호선에 있다는 연계성이 있지만, 당연히 서로 다른 역이다. 신촌역과 홍대입구역은 서로 이미지도 다르고, 주변 지역도 다르다. 그래서 사람들이 신촌역에 내리는 이유와 홍대입구역에 내리는 이유도 다르다. 신촌역에서 내려야 하는데 졸다가 홍대입구역까지 갔다면 다시 뒤로 돌아가야 한다. 너무 당연한 이야기인가? 만약 신촌역에서 출발해서 바로 다음 역에 도착하니 다시 신촌역인 걸 발견하면 안 된다. 그런 일이 어떻게 가능하냐고 내게 묻는 사람들이 당연히 있을 것이다.

그런데 문제는 이런 식으로 논문 초고를 써 오는 학생들이 많다는 것이다. 가만히 그들의 글을 읽다 보면 신촌에서 출발해서 다시 신촌으로 돌아오는 투의 글이다. 가령 이런 식이다. 소셜 미디어 이용과 정치 참여에 대한 글을 써 왔는데, "소셜 미디어 이용은 시민들의 정치 참여에 도움을 준다. 왜냐하면 소셜 미디어 이용은 시민들의 정치 참여에 도움을 주기 때문이다." 이런 논리는 "나는 배고프다, 왜냐하면 나는 배고프기 때문이다. 그래서 나는 배가 고프다" 수준의 것이다. 바로 내가 앞에서 언급한 순환적 논리다. 같은 이야기를 계속 반복하다 보면 저절로 논리적 근거가 생기는 것처럼 느끼면서 말하는 것이다. 실증적 증거나 논리를 갖고 주장하는 것이 아니라 같은 말을 반복하면서 그것이 독자들에게 슬며시 사실화되는, 그런 방식의 글쓰기다. 정치가들은 이런 식의 화법을 쓸 수 있을지 모르지만, 논문의 글쓰기가 그렇게 되어서는 매우 곤란하다.

논문이라는 기차는 다음과 같이 적어도 7개 역을 거치면서 뒤돌아보지 않고, 앞으로 달려야 한다.

(1) X와 Y는 관계가 있을까?

(2) X와 Y의 관계에 대해 다른 사람들의 연구 결과는 이렇다.

(3) X와 Y의 관계에 대해 T 이론의 설명은 이렇다.

(4) X와 Y의 관계에 대한 T 이론의 설명을 바탕으로 나는 X와 Y의 관계에 대해 H라는 가설을 세운다.

(5) H 가설을 검증하기 위해 M이라는 방법을 썼고, 그 내용은 다음과 같다.

(6) 자, 이것이 검증의 결과 R이다.

(7) 그 결과가 함의하는 것은 A, B, C다.

논문 쓰기는 이런 식으로 선형 논리를 토대로 앞으로 달려야 한다. 앞부분에서 뒷부분에 나올 이야기를 암시할 필요도 없고, 뒷부분에서 앞부분 내용을 불필요하게 반복할 필요도 없다. 그냥 앞으로 달리면 된다.

'거시기' 화법을 지양하고
모든 지시어를 의심하라

노환 등으로 인지 능력과 기억력이 떨어지면 사람들이 보이는 증상 중 하나가 지시어를 많이 쓰게 된다는 것이다. 특정 사물이나 인물의 이름을 정확히 구체적으로 말하지 못하고 '그것,' '이것' 등의 지시어로 말하는 경향이 커진다. 인지 능력이 떨어진 경우가 아니더라도 대개 집단주의적 성향이 큰 사회는 맥락에 대한 상호 이해를 전제로 지시어 사용이 많은 경향이 있다. 한국도 그런 사회 중 하나다. 그래서 영화 〈황산벌〉에서처럼 "거시기를 거시기해 불자"라고 해도 무슨 말인지 알아들을 수 있게 되는 것이다. 물론 맥락적 정보를 공유하는 사람들만 제대로 알아들을 것이긴 하지만 말이다. 일상 생활에서야 '거시기' 화법이 문화적 특성을 반영하는 것이라 해도, 학술 논문에서는 이런 식의 글쓰기를 지양해야 한다. 맥락적 정보를 충분히 공유하지 않은 사람들도 이해할 수 있는 소통의 글쓰기를 해야 한다.

잘 읽히는 논문을 쓰려면 지시어를 가능하면 줄여야 한다. 모든 지시어를 의심해야 한다. 의심하라는 말은 그 지시어가 무엇을 가리키는지가 분명한지 제3자적 시점에서 냉철하게 확인해 봐야 한다는 것이다. 논문에 많이 등장하는 '이

것은,' '이는,' '그것은,' '여기에서' 등등의 지시어가 특정 명사를 지시하는 것인지, 아니면 바로 앞의 문장 전체를 받는 것인지, 아니면 앞 문단의 주장을 받는 것인지, 아니면 지금까지의 논문 내용 전체를 받는 것인지 조금이라도 애매하면 안 된다. 애매할 때는 지시어를 빼고 지시어가 지시하는 실제 대상으로 바꿔 줘야 한다.

두괄식으로 쓰는 것을 원칙으로

논문은 가능하면 두괄식으로 쓰는 게 좋다. 사실, 논문은 무조건 두괄식으로 쓰라고 말해도 상관없다. 논문 글쓰기의 제일 중요한 목적은 정보의 정확한 전달이다. 두괄식은 다른 방식의 글쓰기보다 정보 전달에 있어서 훨씬 더 효과적이다. 각 문단의 첫 문장이 그 문단의 다른 내용을 포괄하는 것이 되게 써야 한다. 그래서 각 문단의 첫 문장들만을 기계적으로 뽑더라도 전체 논문의 논리적 줄기가 보일 수 있어야 한다. 참고로 이 문단 자체가 두괄식 문단의 한 예다.

하나의 문단에는 하나의 아이디어만

하나의 문단에는 하나의 아이디어만 있어야 한다. 두 개의 아이디어가 한 문단 안에 들어 있는 경우는 두 문단으로 나누는 것이 좋다. 이야기하다가 조금이라도 방향이 바뀌면 문단을 바꿔야 한다. 이 말은 논문은 가능한 한 두괄식으로 쓰라고 앞에서 이야기한 것과 일맥상통하는 것이다. 문단 하나에서 산을 넘고 물 건너는 것을 다하기보다, 한 문단에서는 산을 넘고, 그다음 문단에서는 물을 건너는 방식으로 글을 써야 한다. 두괄식으로 글을 쓰면 이 문제는 의외로 쉽게 해결된다. 문단의 첫 문장이 그 문단의 유일한 아이디어로 문단을 지배할 수 있게 해 주는 것이기 때문이다.

가능하면 한 문장짜리 문단을 쓰지 말라

학생들이 써오는 논문 초고를 보면 한 문장짜리 문단을 종종 발견한다. 한 문장짜리 문단을 전혀 쓰지 말라는 것은 아니다. 논문에서도 정말 중요한, 정말 강조하고 싶은 메시지가 있다면 한 문장짜리 문단을 쓸 수는 있다. 하지만 그것은 매우 예외적이고, 특별한 경우에만 적용된다. 기본적인 원칙으로는 한 문장짜리 문단은 쓰지 말자고 기억하는 게 좋다.

한 문장짜리 문단을 지양해야 하는 것처럼, 너무 긴 문단도 지양해야 한다. 가령 한 페이지를 넘어가는 문단은 피하는 것이 좋다. 그런 문단 안에 들어 있는 내용 중 **뺄** 것이 하나도 없다면, 가능한 한도 내에서 복수의 문단으로 나누는 방법을 찾아야 한다.

접속사는 최소한으로 사용하라

거의 모든 글쓰기 관련 책의 저자들은 '그리고,' '그러나,' '그런데,' '그러므로,' '그럼에도 불구하고' 등과 같은 접속사 사용에 주의하라고 말한다. 귀담아들을 말이다. 논문에서는 특히 접속사 사용에 신중해야 한다. 앞에서 모든 지시어를 의심하라고 말했는데, 접속사에 대해서도 똑같이 말할 수 있다. 모든 접속사를 의심하라! 접속사 사용과 관련해서 첫 번째 원칙은 불필요한 곳에서는 쓰지 말라는 것이다. 두 번째 원칙은 내가 쓴 접속사가 내가 의도한 의미를 충분히 담는지 재차 따져 보라는 것이다. 접속사가 없으면 도저히 내가 의도한 의미의 흐름, 논리적 전개가 전혀 이루어지지 않는가를 살펴보라는 것이다. 접속사 없이도 내가 의도한 메시지를 잘 전달할 수 있다면 과감히 접속사를 빼는 것이 좋다.

접속사를 의심하는 가장 좋은 방법은 이미 붙여놓은 접속사를 빼고 읽어 보는 것이다. 의외로 접속사가 없으니 오히려 글의 흐름이 더 간결하고 명쾌해지는 것을 느끼는 경우가 많다. 그럴 경우 이제 선택은 한 가지다. 단호히 접속사를 삭제하는 것이다.

(덧붙이자면 위의 두 문단에서 접속사를 전혀 사용하지 않았다.)

단문으로 쓰라

"무진에 명산물이 없는 게 아니다. 나는 그것이 무엇인지 알고
있다. 그것은 안개다"

"국경의 긴 터널을 빠져나오자, 눈의 고장이었다. 밤의 밑바닥
이 하얘졌다. 신호소에 기차가 멈춰섰다."

"죽은 척후장의 칼입니다. 쇠가 살아 있었다. 칼자루에 감은
삼끈이 닳아서 반들거렸다. 살아서 칼을 잡던 자의 손아귀가
뚜렷한 굴곡으로 패어 있었다. 수없이 베고 찌른, 피에 젖은
칼이었다. 나는 그 칼자루를 내 손으로 잡았다. 죽은 자의 손
아귀가 내 손아귀에 느껴졌다. 죽은 자와 악수하는 느낌이었
다. 그 쇠의 단면에 목숨의 안쪽을 이루던 난해한 무늬들이
드러나 있었다."

위에서 첫 번째 문단은 김승옥의 《무진기행》에 나오는
것이다. 두 번째는 가와바타 야스나리川端康成가 쓴 《설국雪

國》의 첫 세 문장이다. 세 번째는 김훈의 《칼의 노래》에 나오는 것이다. 세 경우 모두 단문의 힘을 보여 준다. 단문의 힘을 정말 보고 싶다면 조세희의 《난장이가 쏘아올린 작은 공》을 봐야 한다. 가령 이런 식이다.

"사나이는 말을 하고 싶었다. 그러나 그는 말을 할 수가 없었다. 꼽추가 그의 입에 큰 반창고를 붙인 뒤였다. 몸도 움직일 수 없었다. 그의 몸은 전깃줄로 꽁꽁 묶여 있었다. 사나이는 꼽추가 앉은뱅이를 차 앞으로 끌고 가는 것을 보았다. 불빛에 드러난 앉은뱅이의 얼굴은 피투성이였다. 꼽추가 그의 얼굴을 씻어 주었다. 앉은뱅이는 울고 있었다."

글쓰기 책에서 거의 빠지지 않고 나오는 이야기는 가능하면 글을 단문으로 쓰라는 것이다. 이는 논문 글쓰기에도 적용된다. 논문을 쓸 때 가능하면 단문으로 쓰는 것이 좋다. 정확한 의미 전달을 위해서다. 얼마 전까지 이른바 법조체는 만연체의 대표격으로 불렸다. 법원 판결문에는 한 페이지가 넘어가는 문장이 넘쳐났다. 최근에는 법원의 판결문도 간결체를 지향하는 쪽으로 많이 바뀌었다. 그런데 학생들의 논문 초고를 읽다 보면 1980년대 법원 판결문 같은 문장이 종종 눈에 띈다. 만연체의 글을 보고 싶다면 대한민국의 헌법 전문을 보면 된다.

"유구한 역사와 전통에 빛나는 우리 대한국민은 3·1 운동으로 건립된 대한민국 임시정부의 법통과 불의에 항거한 4·19 민주이념을 계승하고 조국의 민주 개혁과 평화적 통일의 사명에 입각하여 정의 인도와 동포애로써 민족의 단결을 공고히 하고 모든 사회적 폐습과 불의를 타파하며 자율과 조화를 바탕으로 자유민주적 기본 질서를 더욱 확고히 하여 정치 경제 사회 문화의 모든 영역에 있어서 각인의 기회를 균등히 하고 능력을 최고도로 발휘하게 하며 자유와 권리에 따르는 책임과 의무를 완수하게 하여 안으로는 국민 생활의 균등한 향상을 기하고 밖으로는 항구적인 세계평화와 인류공영에 이바지함으로써 우리들과 우리들의 자손의 안전과 자유와 행복을 영원히 확보할 것을 다짐하면서 1948년 7월 12일에 제정되고 8차에 걸쳐 개정된 헌법을 이제 국회의 의결을 거쳐 국민 투표에 의하여 개정한다."

헌법 전문은 한 문장에 우리 헌법의 뿌리와 정체성, 의의와 역사를 모두 담았다. 읽으면 운율도 있고, 엄숙과 장엄의 분위기를 물씬 느낄 수 있긴 하다. 하지만 읽는 사람이 한 번 읽고 그 의미를 다 이해하기에는 너무 무겁고 긴 문장이다. 이런 만연체가 헌법 전문의 장엄한 아우라를 위해서는 필요할지 모르겠지만, 학술 논문에서는 이런 식의 만연체 문장을 피해야 한다. 헌법 전문 바로 다음에 나오는 헌법 제1조(대한민국은 민주공화국이다)와 제2조(대한민국의 주권은 국민에게 있고, 모든 권력은 국민으로부터 나온다)는 매우 간결하다. 마치 김승옥이나 조세희가 쓴 것 같이 매끈하고 명쾌하다. 학술 논문의 문장은 헌법 전문이 아니라, 헌법 제1조와 제2조식의 간결체 문장이어야 한다.

논문에서 단문 위주의 간결체를 쓰라고 권했지만, 만연체가 무조건 나쁜 것은 아니다. 긴 문장이 필요할 때도 있다. 가령 어떤 현상의 유형들을 설명하면서 그 유형의 종류를 나열하는 경우는 문장이 길어질 수 있다. 가령 다음 인용문(김용찬·심홍진·김유정·신인영·손해영, 2012)의 두 번째 문장은 매우 길지만, 학자들이 '공유'라는 현상에 관해 연구해 온 세부 주제들을 단순하게 열거하는 형태다. 이렇게 문장 구조 자체가 단순하다면 긴 문장을 쓸 수는 있다.

"다른 사람과 무언가를 함께 이용하거나, 감정·생각·경험 등을 함께 나눈다는 의미를 지닌 공유는 여러 학문 분야에서 관심을 가져온 주제이다. 조직이나 기업의 업무 생산성을 높이기 위해 조직 내의 국지적 영역들에서 만들어지는 정보, 지식,

경험을 어떻게 효과적으로 관리하여 조직 전체 차원에서 활용할 것인가(Clemons & Row, 1992), 사회연결망을 통해 개인들이 물질적, 정서적, 혹은 정보 차원의 도움을 주고받는 것이 개인과 공동체의 건강에 어떤 영향을 끼치는가(Albrecht & Adelman, 1984; Cohen & Hoberman, 1983; Schwarzer & Knoll, 2007), 개인들이 어떻게 무임승차의 유혹을 이겨내면서 공동의 목적을 위해 자기희생을 하는가(Ostrom, 2005), "공유지의 비극" 문제를 어떻게 극복하고 공동의 자원을 유지해 나갈 수 있는가(Hardin, 1968; Ostrom, 1999), 더 근본적으로 어떻게 이 기적인 호모사피엔스가 자신의 자원을 공유하고 협동하면서 공동체 혹은 사회를 형성, 유지하고 있는가 소셜 네트워크 서비스에서의 공유 행위와 영향 요인에 대한 연구(Ridley, 1997) 등이 모두 공유라는 현상과 관련된 문제들이다."

복잡한 문장이라도 멋들어진 만연체로 다룰 수 있긴 하다. 이 책을 읽는 사람들 중에 여전히 만연체에 미련을 갖는 사람들이 있다면, 먼저 만연체의 명문장들을 읽어 보라 권하고 싶다. 가령 에드워드 기번Edward Gibbon의 《로마제국 쇠망사The History of the Decline and Fall of the Roman Empire》(1776)나 찰스 다윈Charles Darwin의 《종의 기원On the Origin of Species》을 읽어 보라. 표도르 도스토예프스키Fyodor Dostoevskii나 염상

섭이나 이문열의 소설들을 읽어 보라. 길지만 논리적으로 흠결 없는 문장들에 놀랄 것이다. 만연체를 쓰려면 그 정도로 문장을 다룰 자신감이 생겼을 때 써라. 그 자신감이 생기기 전엔 단문으로 쓰는 연습을 하는 것이 좋다.

수동형 문장보다는 능동형 문장으로

"지난 28일 규모 7.5의 강진과 쓰나미가 덮친 인도네시아 술라웨시섬에서 연락 두절된 한국인 1명의 소재가 아직도 파악되지 않는 것으로 알려졌다"(《서울신문》, 2018. 9. 30).

"구조한 선장과 선원 7명은 저체온증을 호소하고 있지만, 생명에는 지장이 없는 것으로 전해졌다"(《연합뉴스》, 2017. 12. 31).

이 두 언론 기사 문장의 공통점은 무엇일까? 모두 수동형 문장의 형태를 띤다는 것이다. 언론인들이 이런 문장을 쓰는 것은 출처를 밝히기 어렵거나 출처가 불분명하기 때문인 경우가 많다. 물론 그냥 습관처럼 쓰는 경우도 있다. 아무튼 많은 이들이 언론인들이 이런 식의 수동형 문장을 쓰는 것의 문제점을 지적해 왔다.

글쓰기 관련 책들은 거의 예외 없이 수동태 문장을 지양하라고 한다. 깔끔한 글쓰기를 위해 귀담아들어야 할 충고다. 특히 학술 논문을 쓸 때 그렇다. 학술 논문에서도 앞의 언론 기사 문장 같은 수동태 문장을 자주 본다. 학술 논문이 전하는 정보 중 출처가 불분명하거나 일부러 알려서 안 되는 경우는 드물다. 그렇기에 학술 논문에서는 가능하면 수동태 문장은 능동태로 바꾸는 것이 좋다. 예를 하나 들어 보자. "교육 수준 변인은 5점 척도에 의해 측정되었다"보다는 "우리는 교육 수준 변인을 5점 척도로 측정하였다"로 하는 게 좋다.

수동태를 지양하고, 수동형 문장은 능동형 문장으로 바꾸라는 것은 외국어로 논문을 쓸 때도 적용해야 하는 원칙이다.

주어와 술어는 일치해야

주어와 술어 간의 관계에 대한 원칙은 한 가지다. 둘을 일치시켜야 한다는 것이다. 한국어는 주어가 생략되는 경우가 많다. 문맥상 주어가 분명할 때는 생략하는 것이 더 자연스럽다. 주어가 생략된 경우에도 생략된 주어와 서술어가 일치해야 한다. 학생들이 제출하는 논문 초고에서 가장 많이 눈에 띄는 문제 중 하나가 주어와 술어가 일치하지 않는 문장이 많다는 것이다. 예를 하나 들어 보자.

(원문) 현행 시청률 조사는 패널 가정에 TV 수상기를 설치해 시청자의 시청 패턴이 자동으로 집계되는 방식이다.

이 문장의 주어가 '시청률 조사'라는 것에는 다른 의견이 없을 것이다. 서술어는 맨 마지막에 있는 '방식'이다. 그렇다면 다른 수식어들을 다 떨어내면 '조사'는 '방식'이라는 말인데, 조사와 방식이 주어와 술어로 연결될 수 있을까? 그럴수 없다. 주어와 서술어가 일치하지 않는 경우다. 이 문장은 어떻게 바꾸면 좋을까? 중간에 수동태로 쓰인 부분을 능동태로 바꾸는 것까지 포함해서 다음과 같이 다시 쓸 수 있다.

(수정 1) 현행 시청률 조사는 패널 가정에 TV 수상기를 설치해 시청자의 시청 패턴을 자동으로 집계하는 방식을 쓴다.

혹은

(수정 2) 현행 시청률 조사 방식은 패널 가정에 TV 수상기를 설치해 시청자의 시청 패턴을 자동으로 집계하는 것이다.

두 수정문에서 나는 주어와 술어의 일치 문제를 해결했다. 수정 1에 다른 수식어들을 솎아 내면 주어와 서술어가 '조사는 …… 방식을 쓴다'의 형태가 되고, 수정 2는 그것이 '조사 방식은 …… 집계하는 것이다'가 되었다.

다른 예를 하나 더 살펴보자. 다음 예는 실제 학술지에 실린 논문에서 발견한 문장이다.

(원문) 본 연구는 2016년과 2017년에 있었던 광화문 촛불 집회의 배경과 의미를 분석하는 것을 목적으로 한다. 이를 위해서 설문 조사를 실시하고 그 결과를 분석했다.

비판하기 위해서 인용한 것이기 때문에 실제 어느 논문에서 가져온 것인지 알 수 없게 연구의 내용을 조금 바꿨다. 먼저 첫 번째 문장부터 살펴보자. 첫 번째 문장의 주어는 무엇일까? 물론 첫 번째 문장의 서술어 "목적으로 한다"의 형식적인 주어는 "본 연구는"이다. 하지만 그것이 실제로 주어의 역할을 한다고 볼 수 있을까? 가만히 들여다보면 실제 의미상의 주어는 "분석하는 것"이라고 봐야 한다. 물론 형식적으로는 거기에 목적격 조사 "~을"이 붙어 있긴 하지만 말이다. 이 문장의 골간이 "광화문 촛불 집회의 배경과 의미를 분석하는 것이 (이 연구의) 목적이다"라고 생각하면 그 점을 이해할 수 있다. 결국 위에서 첫째 문장은 형식적인 주어와 의미상의 주어가 서로 일치하지 않는 경우다. 학술 논문에 "본 논문은" 혹은 "본 논문에서는"이 들어 있는 경우는 형식적인 주어와 의미상의 주어가 일치하지 않은 경우가 많다. 그런 경우는 주어가 무엇인지가 분명하게 드러나도록 고쳐야 한다.

(원 문장) 본 연구는 2016년과 2017년에 있었던 광화문 촛불 집회의 배경과 의미를 분석하는 것을 목적으로 한다.
(수정 문장 1) 2016년과 2017년에 있었던 광화문 촛불 집회의 배경과 의미를 분석하는 것이 이 연구의 목적이다.

혹은

(수정 문장 2) 이 연구의 목적은 2016년과 2017년에 있었던 광화문 촛불 집회의 배경과 의미를 분석하는 것이다.

위에서 제시한 두 수정 문장에서는 주어가 비로소 명확해졌다. 하지만 수정 문장 1보다는 2의 경우가 조금 더 낫다고 할 수 있다. 수정 문장 1에서는 주어가 너무 길어서 독자가 헷갈릴 수 있기 때문이다. 반면 수정 문장 2는 간단하게 '이 연구의 목적이'가 주어구여서 그런 문제를 피할 수 있다.

따라서 수정 문장 2가 훨씬 더 깔끔하고 명확하게 문장의 의미를 전달한다. 수정 문장 2에서는 형식적 주어와 의미상 주어도 완벽하게 일치한다(이 점은 수정 문장 1도 마찬가지이지만).

다시 원 인용문으로 돌아가 보자. 거기서 두 번째 문장의 주어는 무엇일까? 이 글의 저자는 둘째 문장에서 주어를 생략했다. 분명하지는 않지만 앞 문장의 형식적 주어인 '본 연구는'이라고 봐야 할 것이다. 한국어에서는 주어가 생략된 문장 자체가 문제가 되지 않는다. 거의 반드시 주어가 있어야 하는 영어와 달리 한국어에서는 주어의 유무가 그리 엄격하지 않다. 그러나 주어를 생략하더라도 암묵적으로 그 주어가 무엇인지 분명해야 한다. 한국말을 하는 사람이라면 주어가 없더라도 그것이 무엇인지 알아챌 수 있어야 한다. 즉 말하는 사람이나, 듣는 사람이 생략된 주어가 무엇인지에 대해서 같은 생각을 가져야 한다는 것이다. 위 지문의 두 번째 문장에서는 저자가 주어를 생략하긴 했지만 그 주어가 '본 연구'라는 점을 쉽게 짐작할 수 있다. 하지만 그것의 근거가 되는 바로 앞 문장(원 문장)의 주어가 '본 연구의 목적은'으로 바뀌었기 때문에 두 번째 문장에 '본 연구는'이라는 주어를 넣어 주는 것이 좋다. 처음에 제시했던 두 문장짜리 원문과 수정문 예시를 같이 쓰면 다음과 같다.

(원문) 본 연구는 2016년과 2017년에 있었던 광화문 촛불 집회의 배경과 의미를 분석하는 것을 목적으로 한다. 이를 위해서 설문 조사를 실시하고 그 결과를 분석했다.

(수정 문장) 이 연구의 목적은 2016년과 2017년에 있었던 광화문 촛불 집회의 배경과 의미를 분석하는 것이다. 본 연구는 이를 위해 설문 조사를 실시하고 그 결과를 분석했다.

수정본이 마음에 드는가? 수정본의 두 문장이 모두 마음에 드는가? 그런데 사실 나는 두 번째 문장이 여전히 마음에 들지 않는다. 그 이유는 다음 항목에서 말하겠다.

'무생물 주어'

위의 수정 문장 "본 연구는 이를 위해 설문 조사를 실시하고 그 결과를 분석했다"가 마음에 들지 않는 이유는 "본 논문"과 같은 이른바 무생물 주어를 썼기 때문이다. "본 연구"라는 무생물 주어 자체에 대해서 다시 생각해 보자. 내가 가진 질문은 이것이다. 어떻게 연구 자체가 주어가 될 수 있을까?

필립 리브Philip Reeve의 소설을 토대로 2018년도 개봉한 판타지 영화 〈모털 엔진Mortal Engines〉에서는 도시가 살아 움직이며 서로가 서로를 대항해 싸우는 이야기가 담겨 있다. 살아 움직이는 모든 것을 집어삼키려는 탐욕적인 거대 도시 런던으로부터 세상을 지키려는 저항 세력의 이야기다. 이 영화는 도시를 의인화하여 도시 자체가 탐욕적이고, 서로가 서로를 사냥하는 조금은 황당한 이야기를 담고 있다. 도시가 주어가 되어 다른 도시를 잡아먹는 모털 엔진의 이야기가 황당한 만큼 "연구"가 주어가 되어 목적을 갖고, 설문 조사를 하고, 분석을 한다는 것도 가만 생각해 보면 여간 이상한 것이 아니다. 목적을 갖고, 조사를 하고, 분석을 하는 것은 연구자이지 연구가 아니기 때문이다. 저자가 객관적이고 중립적인 자세를 지켜야 하는 것이 논문의 기본적인 규범 중 하나지만, 그래도 살아 있는 주어를 복원시켜야 한다고 생각한다. 앞에서 제시한 수정문도 좋지만 나라면 이렇게 다시 고쳐 볼 것이다.

본 연구의 목적은 2016년과 2017년에 있었던 광화문 촛불 집회의 배경과 의미를 분석하는 것이다. 본 연구자는 이를 위해 설문 조사를 실시하고 그 결과를 분석할 것이다.

'본 연구'보다는 조금 더 사람 냄새가 나는 '본 연구자' '본 연구진' 같은 주어가 낫다. 그런데 자기 자신을 3인칭으로 지칭하는 것도 이상하긴 마찬가지다. 학계의 관행임에도 말이다. 나는 논문 쓰기에서도 자신 있게 1인칭 주어를 쓰고, 그 내용에 대한 책임을 저자가 떳떳하게 지는 것이 좋다고 생각한다. 즉 1인칭 '나'와 '우리'를 논문의 주어로 쓰는 것이다. 그렇다면 위의 두 문장을 다음과 같이 바꿀 수 있다.

본 연구의 목적은 2016년과 2017년에 있었던 광화문 촛불 집회의 배경과 의미를 분석하는 것이다. 우리는 이를 위해 설문 조사를 실시하고 그 결과를 분석했다.

논문 작성 기준을 잘 준수하라

논문을 쓰는 사람이 논문 쓸 때 옆에 두어야 하는 것이 두 가지 있다. 첫째는 물론 지금 읽고 있는 이 책이고, 둘째는 (자기 분야에서 많이 쓰는) 논문 작성 규정집이다. 논문을 써서 투고할 학술지의 논문 작성 규정 방침이 어떤지 미리 살펴보는 것이 좋다. 영어 논문의 경우는 APA, MLA, 시카고 스타일 등 분야별로 다양한 방식이 있다. 국내에도 아마 학문 분야별로 정해 놓은 규칙이 있을 것이다. 자기에게 맞는 것을 선택해서 그것을 어느 정도 숙지해 놓아야 한다. 논문을 쓸 때 그 규정에서 말하는 바를 엄격하게 지켜야 한다. 영어 논문을 위한 규정집은 대개 가이드북 혹은 스타일북의 형태로 책자가 나와 있고, 서점에서 구매할 수 있다. 좀 비싸더라도 하나씩 장만해서 논문 쓰는 책상 근처에 놓는 것이 좋다.

결국 좋은 글을 어떻게 쓸 것인가가 문제다

8장에서 논문 글쓰기의 원칙으로 (1) 순환적으로 쓰지 말고 직선적 논리로 쓰라, (2) 지시어를 의심하라, (3) 두괄식으로 쓰라, (4) 한 문단에는 하나의 아이디어만 있어야 한다, (5) 문단은 너무 짧아도, 너무 길어도 안 된다, (6) 불필요한 접속사 사용을 하지 말라, (7) 단문으로 쓰라, (8) 수동형은 피하라, (9) 주어와 술어를 잘 일치시키라, (10) 무생물 주어를 피하라 등을 설명하였다. 이 점들을 염두에 두고 논문 글쓰기를 스스로 훈련하다 보면 자기 글이 점점 나아지는 것을 발견할 것이다.

이 책은 글쓰기 책이 아니다. 이 장에서 설명한 글쓰기에 대한 내용은 논문 쓰기와 직접 관련된 것들만 추린 것이다. 글쓰기를 본격적으로 공부해 볼 사람들은 서점에 가서 글쓰기 관련 책들을 찾아 읽어 보라. 이오덕의 《우리 글 바로 쓰기》, 스티븐 킹Stephen King의 《유혹하는 글쓰기On Writing》

(2001), 스즈키 신이치의《쓰는 힘은 읽는 힘》같은 책들을 읽어 보라. 이외에도 무수히 많은 글쓰기 관련 책들을 찾을 수 있을 것이다. 자기 계발서류의 글쓰기 매뉴얼은 피하는 것이 좋다. 우리 글을 어떻게 정확하게 쓰고, 자기 생각을 어떻게 논리적으로 잘 풀어낼 수 있는지에 대한 내용이 들어 있는 책을 골라 읽으면 된다.

논문이 완성되었다면 이제 마지막 단계가 남아 있다. 논문을 발표하는 것이다. 학위 논문이라면 학교에서 마련한 절차를 따르면 된다. 학술지에 투고하는 경우는 투고와 심사라는 조금은 복잡한 과정을 거쳐야 한다. 다음 장에서는 학술지에 논문을 투고하고 심사와 최종 결과를 기다리는 과정을 학문 공동체 내에서의 대화로 소개하고 그에 대해 설명한다.

- 논문은 순환적인 방식이 아니라 직선적 논리를 바탕으로 써야 한다.

- 논문을 쓸 때 모든 지시어를 의심해야 한다. 가능하면 지시어를 최소화하라.

- 논문은 두괄식으로 쓰는 것이 좋다.

- 하나의 문단에는 하나의 아이디어만 들어 있어야 한다.

- 접속사 사용은 최소화하라.

- 정보를 명확히 전달해야 하는 학술 논문의 글은 단문으로 쓰는 것이 좋다.

- 수동형보다는 능동형 문장 위주로 쓰라.

- 모든 문장에서 주어와 술어가 제대로 일치하는지 점검하라.

- 무생물 주어는 가급적 피하라.

- 내가 논문을 제출하려는 곳의 논문 작성 기준을 잘 숙지해서 써야 한다.

대화는 계속된다

심사 위원들과의 대화

9

드디어 논문이 완성되었다면 학위 논문 위원회나 학술지에 제출해야 한다. 학술지에 제출하지 않고, 서류철에 보관만 하는 논문은 완성된 논문이 아니다. 제출한 논문만이 살아 숨 쉬는 논문이다. 학술지 제출 과정에도 시간과 노력이 든다. 쇼트트랙 선수가 열심히 달리더라도 승패가 결국 다리를 뻗는 마지막 노력에 달려 있듯이, 열심히 논문을 썼다 해도 학술지에 논문을 제출하는 마지막 단계의 노력이 중요하다.

학술지 선택

어떤 학술지에 제출해야 할까? 이 질문은 논문을 다 쓴 다음이 아니라 논문 작성 전에 하는 것이 바람직하다. 그때 고려해야 할 것이 몇 가지 있다. 학술지 선택 과정에서 고려해야 할 첫 번째는 쓸 논문의 주제, 이론적/방법론적 지향에 맞는 학술지가 무엇이냐다. 몇 가지 기준에 따라 학술지들을 구분할 수 있다. 가령 어떤 학술지는 특정 분야(정치학, 사회학, 언어학 등)에 속한 모든 주제를 다루는 일반적 주제의 학술지다. 반면 어떤 학술지는 특정 세부 주제를 다루는 논문만을 싣는다. 또 어떤 학술지는 통계 등을 활용한 양적인 분석을 담은 논문을 주로 싣는 반면, 어떤 학술지는 이론적인 논의 위주의 논문을 주로 싣는다. 이런 점들을 고려해서 자신의 연구에 맞는 학술지를 결정해야 한다.

학술지는 일반적 주제를 다루느냐 아니면 특정 주제만 다루느냐, 혹은 양적 논문을 주로 다루냐, 질적 논문을 주로 다루느냐로 나누어지는 것과 더불어 논문의 수준과 영향력으로도 나눌 수 있다. 가령 영향력이 큰 학술지와 영향력이 낮은 학술지로 구분할 수 있다. 논문 쓰기를 시작할 때는 논문의 주제나 방법론을 고려하면서 자신이 쓸 논문이 학계 최고 수준의 학술지에 제출할 정도일지, 2급 정도의 학술지에 제출할 수준일지를 미리 결정하는 것이 좋다. 논문 작성 전이라도 갖고 있는 데이터 수준, 연구 결과의 내용, 논문 작성 경험, 공동 저자들의 수준 등을 이미 알고 있을 테니 어느 정도 이에 대해 결정할 수 있다. 어떤 수준의 학술지에 맞춰서 논문을 쓸 것인가가 결정되면 거기에 맞춰서 시간과 노력의 양을 조절할 수도 있다. 모든 논문에 최선을 다해야 하지 않느냐고 물을 수 있지만, 많은 연구자들이 하나의 논문이 아니라 여러 논문을 동시에 써야 하는 상황에 있다. 그럴 때는 논문별로 시간 배분을 할 수밖에 없다. 그러면 목표로 삼는 학술지에 따라 시간과 노력의 양을 조절해야 한다. 그렇기에 어느 정도 수준의 학술지에 투고할지를 미리 생각해 놓을 필요가 있다.

그러나 논문을 쓰다 보면 항상 그렇게 논문 쓰기 전에 목표 학술지를 미리 정할 수 있는 것은 아니다. 논문을 다 쓰고 나서 제출할 학술지를 결정해야 하는 상황에 처하는 경우도 있다(사실 현실적으로는 이런 경우가 더 많을 것이다). 그때도 앞에서 말한 학술지의 성격을 고려해서 선택하면 된다. 이미 작성된 논문을 갖고 학술지를 선택할 때 고려할 기준을 하나 더 추가한다면 자기가 인용한 선행 논문들을 많이 출판한 학술지를 우선적으로 고려하라는 것이다. 그 학술지의 편집장 입장에서는 자기 학술지의 논문들을 많이 인용한 논문을 선호할 것이다. 학술지에 실린 논문들이 많이 인용되는 것이 학술지 평판을 결정하는 중요한 지표 중 하나이기 때문이다. 이는 논문 쓰기 전에 학술지를 결정할 때도 생각할 점이다. 논문 쓰기 전에 학술지를 결정했다면 가능하면 그 학술지에 실렸던 논문들을 많이 인용하는 것이 좋다.

학술지가 결정되면 제일 먼저 해야 하는 것 중 하나는 해당 학술지의 논문 규정을 찾아 읽는 것이다. 학술지는 대개 논문의 길이, 글자 크기, 줄간, 인용 방식, 표나 그림을 어떻게 붙여야 하는지 등 세세한 내용을 학술지 논문 작성 규정 안에서 설명한다. 그것을 꼼꼼히 읽어 보고 반드시 그 규정에 따라 논문을 작성해야 한다. 규정을 어기고 논문을 제출할 경우 심사를 받지도 못하고 탈락 결정을 받을 수 있다.

논문 제출 후 받게 되는 결과

논문을 제출하고 나면 이제 그 결과를 기다려야 한다. 논문 결과를 제시하는 방식은 학술지마다 조금씩 다르다. 국제 학술지의 경우엔 편집자가 심사 위원들에게 논문 심사를 의뢰하지도 않고 게재 불가 결정을 내리기도 한다. 이것을 편집자 사전 심사 탈락desk rejection이라고 한다. 국내 학술지의 경우는 이런 제도를 갖고 있는 경우가 아직 그리 많은 것 같지는 않다. 따라서 국내 학술지에 논문을 투고했을 때는 대개 모든 논문들이 심사를 받는 것 같다.

편집자 사전 심사 제도가 있는 경우 이 단계를 잘 통과하면 그다음 단계가 기다리고 있다. 학술지의 편집자는 내 논문을 잘 심사할 수 있는 학자들을 선택해서 심사를 맡길 것이다. 편집자 입장에서는 각 논문별로 심사자들을 선발하는 것이 보통 시간이 많이 걸리는 일이 아니다. 국제적 수준의 권위적 학술지의 경우는 투고되는 논문의 수가 상상을 초월할 정도로 많다. 반면에 논문 심사를 잘해 줄 사람들은 대개 매우 바쁘다. 많은 사람에게 심사 요청을 해도 수락 응답을 못 받는 경우도 많다. 편집자의 고뇌가 조금 느껴지는가? 이런 상황에 있는 편집자들이 논문 심사 후보자들을 찾는 주요한 방법 중 하나는 바로 내 논문의 참고 문헌 목록을 살펴보는 것이다. 인용한 선행 논문들의 저자들을 논문 심사 위원으로 고려해 보기 위해서다. 내가 연구에서 특정 이론을 사용했다면 그 이론을 만들거나 그 이론을 써서 논문을 많이 발표한 사람들이 논문 심사 위원 후보군 안에 들어갈 수도 있다. 그래서 참고 문헌에 들어갈 논문을 선정할 때 이런 점들도 고려해야 한다. 가령 내 논문에 호의적으로 평할 가능성이 낮은 사람보다는 높은 사람의 글을 많이 인용하는 것이 더 좋지 않겠는가?

대부분의 학술지가 두세 명의 심사 위원에게 논문을 보낼 것이다. 최소 4주(대개는 그보다 훨씬 길 것이다. 심정적으로는 40년같이 느껴질 수도 있겠지만)의 시간이 지나면 심사 결과를 편집자가 수거해서 결과를 통보한다. 국제 학술지의 경우는 편집자의 재량권이 매우 커서 심사 위원의 결과를 보고, 또 자기 자신의 평을 바탕으로 논문에 대한 최종적인 결정을 편집자가 혼자 내린다. 국내 학술지의 경우도 이런 경우가 없는 것은 아니지만, 많은 경우 국내 학술지 편집자는 심사 위원의 결과를 수거해 학술지가 마련한 공식에 따라 최종 결정을 내린다. 편집자는 전체 과정을 관리만 할 뿐 특별한 상황이 아니라면 결과에 개입하지 않는 방식이다. 국제 학술지와 국내 학술지의 이런 차이를 잘 이해하는 것도 중요하다.

어떤 방식으로 심사를 진행하든 심사 결과가 적힌 이메일을 받으면 대체로 다음 중 하나가 적혀 있을 것이다.

수정 없이 그대로 채택accept as is
약간의 수정 후 재심사minor revision
대폭 수정 후 재심사major revision
탈락rejection

논문을 제출했을 때 수정 없이 그대로 채택 판정을 받는 경우는 거의 없다. 내 경우는 운 좋게 딱 한 번 그런 경우가 있었다. 편집자가 좋아하는 주제와 방법론의 논문이어서 그런 호의적인 결과를 받았을 것이라고 짐작한다. 영어 표현으로는 "as is"로 채택된 경우라 할 수 있는데, 아마도 내가 은퇴할 때까지 다시 이런 판정을 받는 경우는 없을 것이다. 물론 '수정 없이 채택'된 경우에도 심사자들의 경미한 수정 제안을 받을 수 있다. 이미 채택 판정을 받았긴 하지만, 심사자들의 수정 제안을 가능한 수용해서 수정하는 것이 좋다.

대개 소폭 수정minor revision 후 재심사 정도만 받아도 아주 좋은 결과다. 이 정도의 판정을 받으면 최종적으로 채택될 가능성이 매우 높다고 할 수 있다. 물론 아직 마음을 놓을 수는 없지만 말이다. 소폭 수정 후 재심사 결과를 받았을 때는 그런 결정과 더불어 심사 위원들의 심사평을 받게 될 것이다. 편집자가 별도의 심사평을 주기도 한다. 소폭 수정 후 재심사 결과를 받은 경우는 대개의 수정 제안이 다루기 용이한 경미한 것일 가능성이 크다. 그럼에도 최선을 다해서 수정하고 수정본을 가능하면 빨리 제출해야 한다.

'대폭 수정 후 재심사' 판정을 받더라도 결코 실망할 필요가 없다. 어쨌든 다시 수정해서 제출할 기회를 얻은 것 아닌가? 심사 위원들의 평을 받았으므로 무엇을 어떻게 수정하면 좋은 결과를 얻을 수 있을지에 대한 정보를 얻었다는 것도 긍정적으로 받아들일 수 있는 점이다. 물론 이것이 꼭 좋은 소식으로 안 들릴 수도 있다. 심사 위원들의 평이 매우 가혹하거나 수정하기 매우 어려운 것들을 제안할 경우가 그렇다. 그럼에도 가능하면 긍정적으로 생각하고, 심사 위원들의 평을 잘 살핀 후 수정해서 정해진 일정 안에 제출하는 것이 좋다.

심사 위원에 대한 대응

논문을 제출하고 편집자로부터 사전 심사 탈락 판정을 받지 않았다면 빠르면 4주 혹은 두어 달 안에 심사 위원의 평을 받게 된다. "100년에 한 번 나올까 말까 한 연구입니다," "그동안 우리 분야에서 숙제로 남아 있던 문제를 한번에 해결한 획기적인 논문입니다." 이런 평을 받으면 얼마나 좋을까? 하지만 대개 심사 위원들의 평은 대개 이런 논조일 것이다. "연구가 흥미롭고 중요한 주제를 다루고는 있는데, 문제가 많네요." 이런 평을 받아도 주눅 들 필요는 없다. 문제라고 지적한 것들을 성실히 고쳐서 내면 되기 때문이다. 목표는 노벨상을 받는 것이 아니라, 심사 위원들과 편집자를 설득해서 자신의 논문이 결국 채택되게 만드는 것임을 잊지 말라.

심사 위원의 평가를 몇 가지 유형으로 유형화해 볼 수 있다. 각 유형에 따라 저자의 대응 방식도 달라진다. 심사 위원 평가의 첫 번째 유형은 내가 미처 알지 못한, 수정 가능한 문제를 지적한 것이다. 이 경우는 당연히 성실하게 응해야 한다. 이런 코멘트를 받는 것이 학술지라는 공론장에 내 논문을 투고해서 얻는 가장 중요한 혜택이다. 얼굴도 이름도 모르는 심사자로부터 내 논문을 개선하는 데 필요한 중요한 정보를 받는 것이기 때문이다. 논문 쓰는 사람들은 논문 작성이 학문 공동체 내에서의 공동체적 활동이라는 것을 이런 식으로 경험한다.

심사 위원 평가의 두 번째 유형은 중요한 문제를 지적했지만 수정 불가능한(혹은 매우, 매우 어려운) 문제를 지적하는 경우다. 연구를 처음부터 다시 시작하지 않는 한 대응할 수 없는 경우가 여기에 해당한다. 이 경우엔 어떻게 해야 할까? 그 문제를 인정하고 대신 결론에 대한 논의에서 그 문제를 심도 있게 다루는 방법이 있다. 심사 위원은 그 문제가 수정 가능한지 가능하지 않은지 잘 모를 수도 있다. 그렇다면 심사 위원에게 쓰는 수정 사항 요지(혹은 responses to reviewers' comments)에서 별도로 그 점에 대해 납득할 수 있게 이야기하고, 후속 연구에서 그 문제를 성실하게 다룰 것을 약속할 수 있다. 물론 심사 위원이 수정 불가능하다는 것을 알면서도 이런 문제를 지적할 수 있다. 그렇다면 이 심사 위원은 후속 연구에서의 보완을 이야기해도 받아들이지 않을 가능성이 크다. 이런 심사 위원을 설득하기는 쉽지 않을 것이다. 이런 경우엔 어떻게 해야 하나? 그냥 포기할 것인가? 아직 포기하기는 이르다. 이럴 때는 편집자에게 상황을 설명하고 도움을 청하면 된다. 만약 운이 좋게 편집자가 내 말이 맞다고 생각한다면(즉 심사 위원의 평이 너무 가혹하다고 판단한다면), 그리고 그가 능력 있는 편집자라면, 아마도 내가 선택할 수 있는 다른 선택지를 줄 수도 있다(물론 꼭 그럴 것이라 보장할 수는 없지만 말이다).

셋째는 별로 중요하지 않고 혹은 잘못된 지적이지만 수정은 가능한 내용을 담고 있는 심사평이다. 심사 위원의 성향은 다양하지만 한 가지 공통점이 있는데 모두 자기 일로 바쁜 사람들이면서도, 아무 수당도 없는 논문 심사를 학문 공동체를 위한 봉사의 마음으로 한다는 점이다. 어떤 사람들은 그 와중에도 논문을 꼼꼼하게 읽겠지만, 간혹 아주 자세히 읽지 못하는 이들도 있을 수 있다. 그래서 논문 내용의 일부를 오해하고 잘못된 평을 하는 경우도 종종 있다. 그런 경우에도 심사자의 평을 반영하는 '약간의' 수정을 할 수는 있다. 하지만 보다 솔직한 대응을 할 수도 있다. 심사 위원이 의도를 잘못 파악하고 평한 것 같다면서 원래 내용을 변호하는 것이다. 물론 이런 경우 심사자를 비난하거나 비판하는 식으로 대응하면 안 될 것이다. 심사 위원의 의견(그리고 그의 귀중한 시간)을 충분히 존중하는 태도를 갖고 대응을 하면 편집자와 심사 위원 모두 이해할 가능성이 크다(역시 꼭 그럴 것이라 보장할 수는 없지만 말이다).

마지막으로 심사 위원이 내 논문을 잘못 이해하고, 과도한 수정 지시를 하는 경우다. 이에 대해서는 정정당당하게 그러나 여전히 정중하게 반론을 제기해야 한다. 앞에서도 이야기했던 것처럼 필요하다면 편집자에게 상황을 설명하고 편집자가 판단하도록 하는 것도 저자가 갖는 선택 사항 중 하나다.

심사 위원의 평에 대해 어떻게 대응할지 결정하고, 그들의 수정 제안을 토대로 원고를 수정하고 나면, 심사 위원들과 편집자에게 저자가 어떤 식으로 수정했는지를 설명하는 수정 사항 요지를 쓰고 이것을 수정본과 함께 학술지에 제출한다. 심사 위원들의 평을 읽고, 그에 따라 논문을 수정하고, 또 논문 수정한 내용에 대해 심사 위원들에게 설명하는 과정 자체가 일종의 학문적 대화다. 이 책 전체에서 나는 논문을 학문적 대화라고 규정했다. 논문을 다 써서 학술지에 제출했다고 그 대화가 끝나는 것이 아니라, 익명의 논문 심사자와의 대화로까지 이어지는 것이다.

익명의 심사 위원들과의 대화에서 명심할 것이 있다. 심사 위원들은 지도 교수도 아니고, 직장 상사도 아니다. 같은 동료 학자일 뿐이다. 그들은 내 논문을 읽고 내 논문의 내용에 대해 자기 의견(긍정적, 부정적 의견)을 가질 권리가 있다. 그 의견을 토대로 내 논문에 대한 평을 할 것이다. 하지만 하나 잊지 말아야 할 것이 있다. 내 논문에 대해서 가장 잘 아는 사람은 논문을 쓴 나 자신이라는 사실이다. 더군다나 내 논문에 대해서 나보다 더 많은 애정을 쏟은 사람도 없다. 심사 위원들은 바쁜 일상 속에서 우연히 자신에게 배당된 논문을 읽고 그에 대해 자신의 의견을 전달한 것뿐이다. 그리고 그들은 자신의 일상 속 바쁜 일(그중에는 본인의 논문을 쓰고, 그 논문을 투고하는 일도 있을 것이다)로 돌아가 내 논문에 대해서는 이미 잊어버렸을 수도 있다. 그렇기에 자기 논문에 대한 자부심과 애정을 갖고, 동료 학자로서 심사 위원들의 노고와 평에 대한 존경의 마음을 갖고 그들의 논문 평을 받아들이면 된다.

익명의 심사 위원들을 상대할 때 무례해선 안 되겠지만 또 너무 주눅 들 필요도 없다. 가령 어떤 사람들은 심사 위원들을 위해 쓰는 수정 요지서에서 문단마다 "코멘트에 감사합니다," "너무 훌륭하고 통찰력 넘치는 평입니다" 같은 인사치레를 반복하는 경우가 있는데, 그럴 필요는 없다. 간단한 감사의 표시는 맨 처음에 한 번만 하면 되고 그다음부터는 진지하게 문제 자체에 집중하면 된다. 논문 심사자가 중요하게 생각하는 것은 그런 영혼 없는 인사치레가 아니라 논문의 저자가 자신의 평을 얼마나 진지하게 받아들이고, 그에 대해 숙고해서 효과적인 수정을 했느냐다. 저자는 수정본의 본문에서, 그리고 수정 사항 요지서에서 그 점을 보여 주면 된다.

심사자의 평을 존중한다는 것을 보여 주는 한 가지 방

법은 심사자가 요구하는 것 이상의 수정 노력을 하는 것이다. 신약 성경 마태복음 5장에 나오는 "네 속옷을 가지려는 사람에게는 겉옷까지도 내주어라. 누가 너더러 억지로 오리를 가자고 하거든 십리를 같이 가 주어라"라는 구절을 논문 수정할 때도 기억하면 된다.

논문이 거부되었을 때

논문이 거부되었다. 실망스러운 뉴스다. 그래도 하늘이 무너지지는 않을 것이다. 물론 이제 무엇을 어떻게 해야 할지를 생각해 봐야 한다. 국제 학술지에서 논문이 거부될 때는 두 가지 경우가 있다. 첫째는 앞에서 언급한 것처럼 편집자가 심사 위원에 보내기 전에 거부하는 편집자 사전 심사 탈락이다. 편집자가 거부하는 이유는 여러 가지다. 가령 제출된 논문이 해당 학술지에서 다루는 영역 밖의 주제를 다루었거나, 학술지의 기본적인 규정(논문 분량이라든지, 인용 규정 같은 규정들)을 지키지 않았거나, 논문의 질이 심사 위원에게 보낼 만한 수준이되지 않아서 등이다. 앞에서 말했듯이 편집자들은 좋은 심사위원을 구하는 것을 매우 힘들어한다. 바쁜 학자들이 귀한 시간을 내어 학문 공동체를 위한 봉사로 논문 심사를 하는데 애초부터 채택 가능성이 거의 없는 논문을 보내는 것은 심사 위원들에게 실례가 되는 일이기 때문이다. 논문이 거부되는 두 번째 경우는 심사 위원의 심사를 거친 후에 그 결과를 종합해서 편집자가 최종 결정을 채택 거부로 내릴 때다. 종종 채택 거부 판정이 몇 차례의 수정을 거친 후 이루어지기도 한다. 저자에게 몇 차례 수정 기회를 주었지만, 학술지에 실릴 만큼의 수준으로 발전하지 못했다고 판단하면 편집자는 결국 채택 거절의 판정을 내리곤 한다.

자, 이제 어떻게 할 것인가? 두말할 것 없이 다시 수정해서 다른 학술지에 제출하는 것이다. 같은 학술지에 다시 제출하는 것은 마음 떠난 옛 애인을 찾는 것만큼 부질없는 일이다. 같은 분야의 다른 학술지를 찾아서 거기에 제출하는 것이 좋다. 어떤 경우엔 학술지의 수준을 좀 낮춰서 제출해야 할 수도 있다. 대개 논문 거부를 당하고 나면 다시는 그 논문을 쳐다보기도 싫어진다. 그럼에도 심기일전해서 다시 수정해야 한다. 심사 위원들과 편집자의 충고를 다시 살펴보고, 논문을 수정해야 한다.

수정해서 다른 학술지에 제출한 후 채택이 되면 좋겠지만 또 좋지 않은 결과가 나올 수 있다. 그렇다면 이제 판단해야 한다. 내 논문에 정말로 수정 불가능한 치명적인 문제가 있는가? 그렇다고 판단하면 빨리 그 논문과의 인연을 끊는 게 좋을 것이다. 하지만 그 정도는 아니라고 판단한다면 남은 선택지는 한 가지다. 다른 학술지를 찾아 다시 제출하는 것이다. 이런 식의 시도를 도대체 몇 번 해야 할까? 내 대답은 한 가지다. 인내심이 버텨 준다면 채택될 때까지 계속하라는 것이다.

논문 투고 과정도 일종의 대화다

논문 쓰기에서의 대화는 논문을 다 썼다고 끝나는 것이 아니다. 논문을 투고한 뒤에도 대화는 계속된다. 어쩌면 논문의 저자는 논문을 쓴 뒤에 자신이 학문 공동체에 속해 있음을 더 실감할 것이다. 그리고 논문 쓰기라는 것이 그 공동체 내에서의 대화의 과정이라는 사실을 더 분명히 알게 될 것이다. 논문을 쓰고 나면 그것을 공적인 매체에 보내 학문 공동체 다른 구성원들의 평가를 받아야 한다. 일단 먼저 통과해야 하는 관문은 학술지의 편집자와 논문 심사 위원들이다. 편집자는 누군지 알 수 있지만, 논문 심사 위원들은 대개 익명이어서 누군지 알 수 없다. 기명이든 익명이든 상관없이 논문을 학술지에 투고하고 나서는 이들과 치열한 대화를 해야 한다. 그 대화에서 가장 중요한 것은 서로의 의견과 관점에 대한 존중이다. 논문 저자는 편집자와 논문 심사 위원의 말을 매우 주의 깊게 경청해야 한다. 그들이 그 논문을 읽은 방식을 존중하고, 아무리 부정적인 것이라도 겸손하게 받아들일 준비를 해야 한다. 하지만 주눅 든 태도를 보일 필요는 없다. 그 과정에서 의견이 있을 때는 예의를 지키면서도 당당하게 그것을 전달하면 된다. 이렇게 논문 쓰기는 대화로 시작해서 대화로 끝난다.

- 자기 논문에 맞는 학술지를 잘 골라서 투고해야 한다.

- 논문을 투고하는 것도 일종의 대화다.

- 논문 심사자의 평을 받은 뒤에는 심사자를 존중하는 마음으로
  그의 평을 충실히 반영해서 수정하라.

- 논문 심사자의 관점과 의견을 존중하면서도 필요할 때는 저자
  의 의견을 예의를 지키면서도 당당하게 전달하라.

- 논문이 거부되었다고 거기서 포기하지 말고 계속해서 수정본을
  다른 학술지에 제출하라.

대화로서의 논문,
마지막 이야기

10

논문 쓰기에 대한 이야기가 이제 거의 끝나간다. 이 책의 서론부터 마지막 장까지 계속 나는 하나의 이야기를 해왔다. 논문은 대화이고, 서사이고, 이야기다. 불친절한 사용 설명서처럼 파편적인 정보의 조합으로 논문을 쓰면 안 된다. 논문 쓰는 사람은 대화자가 되어야 하고, 이야기꾼이 되어야 한다. 불특정 다수에게 이야기한다고 생각하며 글을 쓰기보다는, 구체적인 누군가를 떠올리며 그에게 말하듯 쓰라. 대학교 2학년 정도 되는 이들도 알아들을 수 있게 쓰라. 하지만 논문 마지막 부분에서 자기 연구 결과에 대한 객관적 논의를 해야 하는 자리에서는 다른 학자와 대화하는 것처럼 쓰라. 논문을 학술지에 제출하고, 심사를 받고 그에 대응하는 과정도 결국 대화의 연장이다. 그래서 논문 쓰기는 공동체적 행위다. 논문을 준비하며 선행 연구의 글을 읽을 때부터 학술지 심사 위원의 평을 받을 때까지 논문 쓰기의 모든 단계가 일종의 공동체 경험이다.

그렇다면 어떤 논문을 써야 할까? 논문을 통해 어떤 이

야기를 해야 할까? 정작 이 이야기는 이 책에서 아직 하지
않았다. 이 책을 읽는 독자가 어떤 분야에서 어떤 연구를 하
는지 모르기 때문이다. 그럼에도 분야에 관계없이 생각해
볼 수 있는 두 가지 점에 대해 이야기해 보겠다.

획기적인 이야기는 피하라

어떤 이야기를 할 것인가에 대한 첫 번째 제언은 '획기적인
이야기'를 피하라는 것이다. 논문 하나로 세상을 바꿀 이야
기는 가급적 하지 말라는 것이다. 이른바 '획기적인 논문'이
라는 말을 쓰는 사람들이 있지만, 그런 미신을 믿지 말라는
것이다. 하늘에서 뚝 떨어진 것 같은 획기적인 이야기를 추
구하지 말라는 것이다. 굳이 찾자면 인류사에 획기적인 연
구와 획기적인 책과 논문들이 분명 있었을 것이다. 그러나
학문의 발전은 대개 달팽이 걸음이 하나하나 쌓여 이루어진
것이다. 자신이 쓴 논문도 달팽이 걸음 하나 정도(혹은 그의
반의반 정도) 되면 충분히 훌륭한 것이다. 메리 올리버는 《펠
리시티*Felicity*》라는 시집에서 이렇게 노래했다.

　　모든 게 시간이 걸리기 마련입니다.
　　걱정 마세요.

성 어거스틴은 성 어거스틴이 되기 위해 얼마나 많은 길을 걸었겠어요?

천재는 갑자기 나타나는 것이 아니다. 그가 나타나기 전까지 우리가 알지 못하는 작은 걸음들이 있었다. 좋은 논문도 그냥 나타나는 것이 아니다. 작은 논문들이 쌓여 만들어지는 것이다. 내가 그것을 못 쓸 수도 있다. 그러나 언젠가 나타날지 모를 누군가의 '획기적인 논문'을 위해 내 논문이 작은 기여는 할 수 있지 않겠는가?

폴 칼라니티Paul Kalanithi라는 사람 이야기를 잠깐 해 보겠다. 남부러울 것 없이 장래가 창창하던 젊은 의사 폴 칼라니티는 암 선고를 받고 죽어 가면서 성경 구절(고린도전서 3장 6~7절)을 통해 인생의 중요한 비밀을 깨닫게 된다. 그 비밀이란 누군가는 나무의 씨를 뿌리고, 누군가는 거기에 물을 주고, 신은 그것을 자라게 하신다는 것이다. 이 성경 구절을 통해 칼라니티는 자신의 삶은 지금 무너지지만 자기는 씨를 뿌린 사람이었고, 이제 누군가 나타나 물을 줄 것임을 알게 되었다. 또 많은 이들이 자기의 방식으로 나무의 성장에 기여할 것이다. 그 모두가 함께 나무를 키우는 것이다. 그래서 그는 자기는 죽지만 사실 죽는 것이 아님을 알게 되었다고 고백한다. 이 이야기는 한국어로도 번역된 칼라니티의 《숨

결이 바람이 될 때*When Breath Becomes Air*》라는 책에 나온다.

논문을 쓰려는 우리에게 폴 칼라니티가 전하는 메시지가 있다. 내가 지금 쓰는, 학문의 발전이라는 측면에서 거의 한 발짝도 앞으로 나가는 것 같지 않는 소박한 연구 결과를 담고 있는, 그래서 부끄러운 내 논문도 커다란 나무(좋다. 그것을 획기적인 논문이라고 부르자)를 키우는 데 기여할 수 있다는 것이다. 그래서 논문을 쓰는 우리의 목표는 획기적인 글이 아니라 소박하지만, 아주 작지만, 의미 있는 한 걸음(아니 반의 반 걸음이어도 좋다)을 걷는 글이다.

자신에게 의미 있는 이야기를 담으라

어떤 이야기가 담긴 논문을 쓸까에 대한 나의 두 번째 제언이다. 논문에서 나에게 의미 있는 이야기, 나와 상관있는 이야기를 하라는 것이다. 무엇이 의미가 있고, 무엇이 상관있는 것인지는 논문 쓰는 사람마다, 그가 속한 학문 공동체마다 다를 것이다. 그래서 그 구체적인 내용에 대해서는 여기서 말할 수 없다. 다만 내가 중요하게 생각하는 것, 내가 속한 바로 지금, 바로 여기의 문제와 관계되는 것, 나를 즐겁게 하는 것, 그 이야기를 하면 시간 가는 줄 모르는 것, 나로 하여금 보람을 느낄 수 있게 하는 것, 그런 이야기가 담긴 논문을 써야 한다는 것은 말할 수 있다. 학점을 따기 위한 논문, 학위를 받기 위한 논문, 임용이 되기 위한 논문, 승진을 위한 논문, 남에게 보여 주기 위한 논문, 논문 개수를 늘리기 위한 논문, 남의 인정을 받기 위한 논문 말고 말이다. 물론 논문 쓰는 사람들이 자기가 의미 있게 여기고, 자기와 상관있는 논문에 집중하기에는 현실이 그리 녹록치 않다고 말하는 사람이 있을 것이다. 현실을 모르는 한가한 소리 하지 말라고 대들 사람이 있을지도 모르겠다. 그러한 항변의 이유를 나는 잘 알고 있다. 그렇다면 이렇게 말해 보자. 현실에 어느 정도 타협하더라도, 적어도 의미 있는 이야기, 나와, 우리와 상관있는 이야기에 대한 희망은 버리지 말자고 말이다. 가수 이랑이 〈신의 놀이〉에서 노래하듯 "여전히 사람들은 좋은 이야기가 나오기를 기다리고" 있으니까 말이다.

무엇보다 좋은 논문은 잘 쓴 논문이다. 주제는 소박할지 모르지만, 이야기의 스케일은 작을지 모르지만, 작지만 당찬, 잘 쓴 논문이 좋은 논문이다. 논문 쓰는 것에 대한 책의 결론으로서는 너무 허망한가? 이 책 전체에서 나는 내가 생각하는 '잘 쓴 논문'이 무엇인지 설명하려 했다. 여러 가지 이야기를 했지만, 특히 서사가 있는 논문이 좋은 논문이라는 점을 강조하고 싶다. 누군가 논문을 정말 잘 써서 그 논문의 서사와 짜임새 있는 글로 우리가 작품이라 부르는 논문도 나왔으면 좋겠다. 스베틀라나 알렉시예비치Svetlana Alexievich는 기자로서 인터뷰한 내용을 담은 《전쟁은 여자의 얼굴을 하지 않았다*The Unwomanly Face of War*》와 같은 논픽션으로 노벨문학상을 받고, 밥 딜런Bob Dylan은 노래 가사로 노벨문학상을 받는 시대 아닌가. 그들이 노벨상을 수상하는 것을 보며 농담 삼아 나는 논문으로 노벨문학상을 받고 싶다라고 말한 적이 있다. 정말 누군가가 잘 쓴 논문, 서사가 있는 논문, 이야기가 들어 있는 논문으로 그런 상을 받는 날도 왔으면 좋겠다.

이제 논문에 대한 내 이야기를 마쳐야 할 시간이 된 것 같다. 좋은 논문이 나오기를 기다리겠다. 이 책이 좋은 논문이 나오기 위해 필요한 물 한 방울 정도의 역할을 했으면 좋겠다. 그런 소박한 생각을 하며 기다리겠다.

이제는 내가 독자 여러분의 이야기를 들을 차례다.

- 획기적인 이야기가 아니라 작지만 중요한 이야기를 하라.
- 자신에게 의미 있는, 상관있는 이야기를 하라.
- 논문은 가상 독자들과의 대화임을 잊지 말라.
- 논문이 서사적 흐름을 갖춘 글이어야 함도 잊지 말라.

김경만 (2015). 《글로벌 지식장과 상징폭력: 한국 사회과학에 대한 비판적 성찰》. 문학동네.

김용찬·심홍진·김유정·신인영·손해영 (2012). "소셜네트워서비스에서의 공유행위와 영향요인에 대한 연구," 〈한국언론학보〉, 56(3), pp.28~50.

김종영 (2015). 《지배받는 지배자: 미국 유학과 한국 엘리트의 탄생》. 돌베개.

김현경 (2006). "한국의 지적 장은 식민화되었는가," 〈비교문화연구〉, 12 (1), pp.111~140.

송호근 (2013). 《시민의 탄생: 조선의 근대와 공론장의 지각변동》. 민음사.

정진석 (2014). 《한국 잡지 역사》. 커뮤니케이션북스.

조형래 (2012). "학회지의 사이언스: 사이언스를 중심으로 한 개화기 근대 학문체계의 정초에 관하여," 〈한국문학연구〉, 42, pp.45~93.

조혜정 (2003). 《글 읽기와 삶 읽기 2》. 또하나의문화.

한국학중앙연구원 (n.d.). 〈한국민족문화대백과사전〉. Retrieved from http://encykorea.aks.ac.kr/Contents/Index?contents_id=E0066226

Berry, M. V., Brunner, N., Popescu, S., & Shukla, P. (2011). "Can apparent superluminal neutrino speeds be explained as a quantum weak measurement?," arXiv preprint arXiv:1110.2832.

Barthes, R. (1968/1977). "The dealth of the author," In *image–music–text* (S. Heath, Trans., pp.142~154). New York: Hill and Wang.

Castells, M. (2000). *The rise of the network society* (2nd ed.). Malden, MA: Blackwell.

Delectorskaya, L. (1996). *Henri Matisse: contre vents et marées: peinture et livres illustrés de 1939 à 1943*. Editions Irus et Vincent Hansma.

Durkheim, E. (1966) *Suicide*. New York: Free Press.

Duriez, C. (2003/2005). *Tolkien and C. S. Lewis: The gift of friendship*. [홍종락 옮김.

《루이스와 톨킨》. 홍성사].

Giddens, A. (1989). *Sociology.* Cambridge, UK: Polity Press.

Granovetter, M. S. (1977). "The strength of weak ties," In *Social networks* (pp.347~ 367). Academic Press.

Greimas, A. J. (1970/1997). *On meaning.* [김성도 옮김.《의미에 관하여》. 인간사랑].

Habermas, J. (1962/1989). *The structural transformation of the public sphere: An inquiry into a category of Bourgeois society* (T. McCarthy, Trans.). Cambridge, MA: Polity.

Head, T. (2006/2016). *Conversations with Carl Sagan.* [김명남 옮김.《칼 세이건의 말: 우주 그리고 그 너머에 관한 인터뷰》. 마음산책].

Hesse, H. (2017/2018). *Mit Platon und Marilyn im Zug: Was uns die Begegnungen berühmter Persönlichkeiten über die großen Fragen des Lebens verraten.* [육혜원·마성일 옮김.《두 사람의 역사》. 북캠퍼스].

Kim, Y. C., Matsaganis, M., Wilkin, H., & Jung, J. Y. (2018). *The communication ecology of 21stcentury urban communities.* New York: Peter Lang.

Kim, Y. C., Shin, E., Cho, A., Jung, E., Shon, K., & Shim, H. (2019). "SNS dependency and community engagement in urban neighborhoods: The moderating role of integrated connectedness to a community storytelling network," *Communication Research,* 46(1), pp.7~32.

Kuhn, T. S. (2012). *The structure of scientific revolutions.* University of Chicago press.

Letchford, A., Moat, H. S., & Preis, T. (2015). "The advantage of short paper titles." *Royal Society Open Science,* 2(8). Available at https://royalsocietypublishing. org/doi/pdf/10.1098/rsos.150266

Levi, P. (2016). *L'altrui Mestiere.* [심하은·채세진 옮김.《고통에 반대하며: 타자를 향한 시선》. 북인더갭].

Lewis, M. (2017/2018). *The undoing project: A friendship that changed our minds.* [이 창신 옮김.《생각에 관한 생각 프로젝트》. 김영사].

McClellan, J. & Dorn, H. (1999/2008). *Science and techology in Western history: An introduction.* [전대호 옮김.《과학과 기술로 본 세계사 강의》. 모티브북].

Oliver, M. (2009). *Red Bird: Poems.* Boston, MA: Beacon Press.

Pamuk, O. (2011/2012). *The naive and the sentimental novelist: The Charles Eliot Norton Lectures.* [이난아 옮김.《소설과 소설가: 오르한 파묵의 하버드대 강연록》. 민음사].

Pomeroy, R. (2015, 12. 27). "The shortest science paper ever published had no words, and was utterly brilliant," *Real Clear Science*. URL: https://www.realclearscience.com/blog/2014/01/shortest_science_papers.html

Rasmussen, D. C. (2017/2018). *The infidel and the professor: David Hume, Adam Smith, and the friendship that shaped modern thought*. [조미현 옮김.《무신론자와 교수: 데이비트 흄과 애덤 스미스, 상반된 두 거장의 남다른 우정》. 에코리브르].

Sampson, R., Raudenbush, S., & Earls, F. (1997). "Crime: a multilevel study of collective efficacy," *Science*, 277(5328), pp.918~924.

Schaffer, F. (1972/1974). *Genesis in space and time: The flow of biblical history*. [권혁봉 옮김.《창세기의 시공간성》. 생명의말씀사].

Sifton, S. (2919. 10. 28). "You need these pancakes," *New York Times*. URL: https://www.nytimes.com/2019/10/28/dining/you-need-these-pancakes.html

Spears, R., & Lea, M. (1994). "Panacea or panopticon? The hidden power in computermediated communication," *Communication Research*, 21(4), pp.427~459.

Sproull, L., & Kiesler, S. (1986). "Reducing social context cues: Electronic mail in organizational communication" *Management science*, 32(11), pp.1492~1512.

Walther, J. B. (1996). "Computer-mediated communication: Impersonal, interpersonal, and hyperpersonal interaction," *Communication research*, 23(1), pp.3~43.

Weber, M. (1930/1992). *The Protestant Ethic and the Spirit of Capitalism*. T. Parsons (trans.) London: Routledge.

찾아보기